I⁵h
416

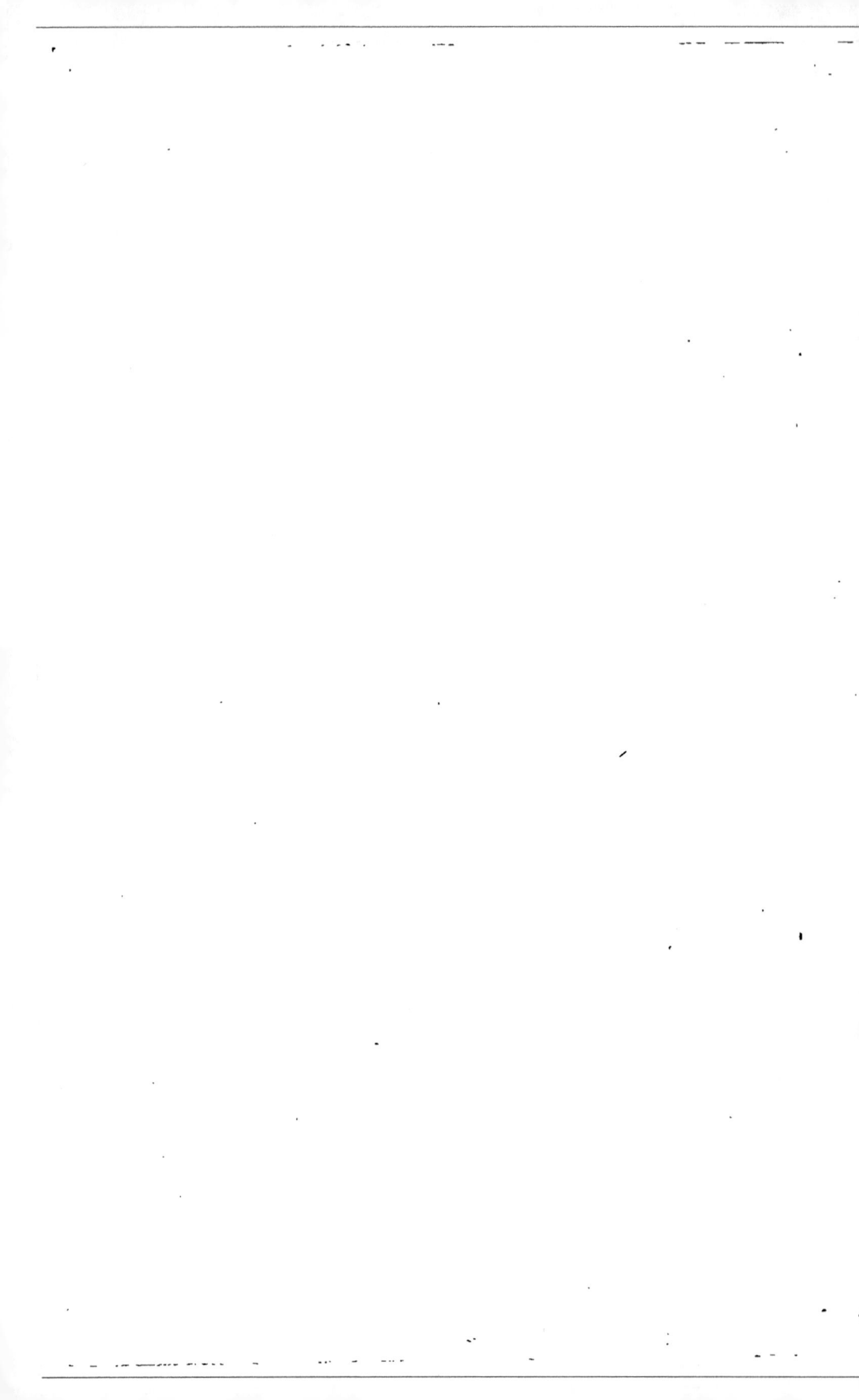

ÉPISODES DU BLOCUS D'ANTIBES

EN 1815

Tous droits réservés.

ÉPISODES

DU

BLOCUS D'ANTIBES

EN 1815

PAR

V.-EUGÈNE GAUTHIER

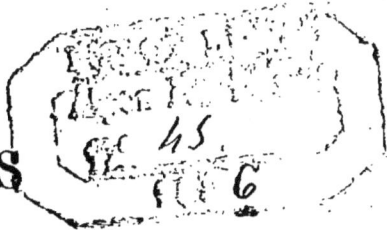

NICE

IMPRIMERIE V.-EUGÈNE GAUTHIER ET Cᵉ

ÉDITEURS

Descente de la Caserne, 1.

1866

REMERCIMENTS

A

MM. HONORÉ ROSTAN et BARTHÉLEMY MEIFFRET

pour

LES DOCUMENTS

qu'ils m'ont fournis

ET QUI ONT SERVIS DE POINT DE DÉPART

A CET HUMBLE PETIT LIVRE.

~~~~~

ÉPISODES DU BLOCUS D'ANTIBES

EN 1815

I

LE MURIER DE LA PAGANE

Il y a quelques jours, nous avions l'inestimable plaisir de prendre part à un déjeuner intime et cordial offert par le châtelain de la Pagane, en l'honneur de la naissance du *Phare du Littoral*.

A cette occasion, M. Gairaud a dû, la veille, passer en revue ses volailles, palper le râble à ses lapins, inspecter son potager, et le matin même, assurément, il avait dépouillé le plus heureux des pêcheurs et dégusté les meilleurs crûs de sa cave; car il a donné à ses hôtes une idée vérita-

blement élevée de ses connaissances gastrono-
miques et de la compétence de son palais.

La Pagane est presque entièrement ensevelie
dans le feuillage des oliviers et des orangers.

Elle est campée au milieu du coteau couronné
par la ravissante villa Machemin.

Déjà, de cet endroit, l'on jouit du splendide
panorama qui, un peu plus haut, s'impose si
majestueusement à la vue.

Il y a là une curiosité arborescente pour le
moins aussi attractive que l'énorme olivier de
Beaulieu, objet de tant de pèlerinages.

Espérons que le phénomène de végétation
qu'offre le mûrier de La Pagane aura bientôt
aussi ses admirateurs.

Il s'agit d'une tonnelle de 21 mètres de lon-
gueur sur 11 de largeur, entièrement couverte
par les rameaux d'un seul arbre.

Le soleil arrive difficilement à glisser quelques-uns de ses doux et généreux rayons sous
ses coupoles de verdure.

Ce mûrier a quarante ans, et ne semble nullement vouloir mettre un terme à ses expansions
gigantesques.

La terre qu'il soulève de ses vigoureuses racines démontre, à différentes places, qu'il étale sous le sol des rameaux aussi prodigieux que sur l'arbre même.

C'est un athlète qui montre ses muscles.

Si on le laisse faire, bientôt il ombragera tout le vaste perron de La Pagane.

Nous venions de visiter, avec toute l'attention qu'ils commandent, les ceps de vignes ouvragés, les objets rustiques d'ameublement que sait si bien tourner, tailler, sculpter, créer, enfin, la main encore sûre, très-habile et très-intelligente de notre Amphitryon ; — nous avions même donné un coup d'œil attentif aux resserres dans lesquelles M. Gairaud entâsse les figues délicieuses qu'il récolte, lorsque nous trouvâmes le café servi sous la merveilleuse tonnelle dont nous venons de parler.

Après avoir beaucoup causé de l'avenir qui attend les campagnes d'Antibes, si l'impulsion et la faveur actuelles se maintiennent, l'un des dégustateurs du moka, camarade d'enfance de M. Gairaud, nous montra un olivier au pied duquel, disait-il, un Autrichien avait été fusillé en 1815.

Mes lecteurs devinent, sans doute, que je ne

m'en suis pas tenu quitte pour ce simple énoncé d'un fait vraisemblablement historique.

Je n'ai laissé ni repos ni trêve à mon vénérable Antibois, jusqu'à ce qu'il m'eût raconté tout au long l'aventure de l'Autrichien.

Lorsqu'on a charge d'un journal qui se pique de rechercher toutes les occasions d'intéresser ses lecteurs, il faut s'emparer et même se cramponner aux bonnes fortunes qui se présentent : or, c'est dans le but de leur être agréable que nous avons harcelé le vieil ami de M. Gairaud, et que nous avons obtenu de lui le récit qu'on va lire.

II

PHYSIONOMIE D'ANTIBES EN 1815

C'était en 1815, l'année du blocus de la ville d'Antibes.

De mémoire d'homme, on ne se rappelait pas avoir eu une récolte aussi abondante et aussi variée.

Nos vignobles, nos oliviers et nos arbres fruitiers de toutes espèces pliaient littéralement sous le poids de la faveur céleste.

On aurait dit vraiment que le bon Dieu, en prévision des désastres dont notre pays allait être accablé, avait voulu lui accorder cette compensation.

Aussi les Croates et les Piémontais, au nombre de trente mille, s'étaient-ils installés avec une joie farouche dans nos fertiles campages, qu'ils pillaient, dévastaient et incendiaient avec une frénésie dont nous leur gardons *bon souvenir*.

Des oliviers séculaires, espoir du cultivateur, des cyprès et des figuiers incomparables tombaient chaque jour sous la hache des pandours, qui s'en servaient pour préparer leurs aliments ou pour entretenir pendant la nuit des feux qui projetaient leurs lueurs sinistres et maudites jusque sur les remparts d'Antibes.

De sorte que la terreur et la désolation régnaient dans nos contrées.

L'intérieur de la ville était plus triste encore.

Les bruits alarmants des exactions et des rapines commises par la soldatesque étrangère, aggravées et grossies par l'imagination et la peur, avaient jeté la consternation parmi nous.

Antibes, du reste, n'avait pas un soldat dans ses murs.

Pauvre ville, perdue, abandonnée, oubliée peut-être, elle était confiée au civisme de ses habitants, représentés presque en totalité alors par des vieillards, des infirmes, des femmes et des enfants.

Les jeunes, les vigoureux, les forts, étaient à l'armée.

Ce n'était donc qu'avec crainte que les plus hardis s'aventuraient à dépasser les murailles.

Certes, leur cœur devait éprouver d'assez fortes émotions, lorsqu'ils se trouvaient face à face avec ces hommes que nous avions battus sur tous les champs de bataille, et qui devaient nécessairement posséder un vif ressentiment de leurs défaites et nourrir une certaine haine contre notre pays.

La défense de la ville avait été placée sous le commandement de l'habile, de l'intrépide général Chiavari.

La gloire dont se couvrait ailleurs les vieux compagnons d'armes du vaillant officier lui arrachait des soupirs de désespoir.

Son immobilité entre les murs d'Antibes lui semblait une sorte de fatalité, et bien des fois il poussa des cris de rage, de ne pouvoir se mettre à la tête de quelques régiments pour donner la chasse aux vautours qui enserraient la ville.

Enfin, ne pouvant servir la France bravement au-delà des remparts, il résolut de défendre et de sauver par un coup d'audace le petit coin de la patrie mis sous la garde de son épée.

III

LES AIDES DE CAMP DU GÉNÉRAL

Une fois son plan arrêté, il fallait à Chiavari un aide de camp, un second lui-même, un homme, enfin, capable de poursuivre l'exécution de ses projets, s'il sucombait à la tâche.

Son choix tomba sur le sergent Rostan, nature à la fois ardente, rusée et intelligente, possédant encore, à quarante ans, la fougue belliqueuse des volontaires de 1792 et la gloriole chevaleresque des immortels *sans-culottes*.

Combattant de Jemmapes et de Fleurus, il s'était plus tard embarqué pour l'Egypte, d'où il revint sergent, titre qui lui fut maintenu dans la milice antiboise, dont il était une des gloires.

Chiavari avait apprécié plus d'une fois à quel

haut degré Rostan portait le respect de la consigne militaire.

Et puis ses balafres en imposaient et attestaient sa bravoure.

Rostan n'était plus jeune ; il n'avait plus cette vivacité et cet élan que possédaient si bien cette masse de jeunes gens distingués qui posaient leur candidature d'aide de camp ; mais Rostan avait une constitution physique qui luttait victorieusement contre l'âge et les fatigues passées.

Chiavari avait décidé, dans son for intérieur, qu'il n'aurait avec lui qu'un homme initié à ses desseins ; mais bientôt, par pur patriotisme, il fut véritablement entraîné à admettre une tierce personne dans l'intimité de ses combinaisons.

Cette personne fut Jacques Latavelle.

Ce brave était rentré dans ses foyers depuis quelques années ; il avait fait dix-huit campagnes, et ne s'était arrêté dans sa voie glorieuse que par suite d'événements que l'on va connaitre.

Un soir, il demanda audience à Chiavari.

— Général, lui dit-il, vous n'avez pas pensé à moi en ces temps difficiles. Je vous en remercie presque ; car qu'est-ce qu'on peut faire d'un infirme de mon acabit dans les circonstances présentes?... Dans l'intérêt de la défense d'Antibes, vous avez songé à d'autres qui ont bon pied, bon poignet, bon œil : vous avez bien fait, et, franchement, je ne vous en veux pas d'avoir laissé de côté un homme qui ne peut plus guère manier une carabine, et qui a tout juste assez de jarret pour franchir des chemins qu'il distingue à peine.

En effet, Jaques Latavelle avait trois doigts de moins à la main gauche ; une contraction des muscles de la jambe droite le faisait boîter, et ses paupières, presque entièrement closes, lui dérobaient la jouissance de la vue. De plus, son visage était couvert de cicatrices provenant de brûlures, lesquelles l'avaient entièrement défiguré, sans cependant trop l'enlaidir.

Chiavari aurait bien voulu adresser un mot à cet étrange visiteur ; mais sa franchise était si grande, que le défenseur d'Antibes ne put que faire quelques gestes embarrassés et balbutier des phrases insignifiantes.

— Oh! ne m'interrompez pas, général; il me semble que je suis à votre place et que vous êtes à la mienne ; par conséquent, vous n'avez pas à redouter aucune récrimination de ma part.

— Pauvre brave! répondit Chiavari en lui

serrant la main, vous avez raison.; mais croyez
bien que je vous plains au moins autant que je
vous estime et que je vous honore.

— Merci, général !... Vous le savez, j'ai pris
part à toutes les campagnes d'Allemagne. La
dernière que je fis, c'est celle de Dantzig... Je
vous en prie, laissez-moi le temps de vous raconter l'histoire des mes infortunes militaires, et
vous verrez si je suis en droit de revendiquer un
poste dangereux, tout vieux et tout infirme que
je suis.

— « Laissez-moi... » vous me dites « laissez-
moi... » fit un peu chalereusement Chiavari ;
mais il me semble que je vous écoute, non-seulement avec intérêt et attention, mais encore avec
un respect mêlé d'une sorte d'admiration.

— Combien vous êtes bon, général !... Eh
bien ! ce matin mes infirmités m'ont été utiles à
quelque chose : elles m'ont permis de sortir de
la ville. Comme je redescendais, avec ma sœur,
le chemin de Saint-Jean, je me suis trouvé, sur
le coteau de La Pagane, en présence d'une multitude de tentes autrichiennes. Devant l'une
d'elles, un groupe de cavaliers vidaient joyeu-
sement les vieilles bouteilles de nos vignerons.

C'était du vin parfaitement *dépouillé*, je vous l'assure. Parmi ces cavaliers, il en est un que j'ai reconnu bien plus à son organe qu'à sa figure. Ah! celui-là, je veux qu'un jour il serve d'engrais aux jardins qu'il a dévastés...

— Mais êtes-vous bien sûr de n'avoir pas été victime d'une vision? interrompit le général. Lorsqu'on hait et qu'on cherche à se venger, l'esprit est facile à s'aveugler.

— Je ne suis pas aveuglé, bien que je sois presque toujours à moitié dans les ténèbres, continua Latavelle. La figure de ce soldat assassin s'est moulée dans mes souvenirs; le timbre de sa voix n'a jamais quitté mon oreille. Quant à la haine, oui, j'en ai, et beaucoup, contre le bourreau qui m'a gratifié de toutes les infirmités dont je suis accablé...

— Mais je croyais, dit Chiavari, que ces infirmités provenaient des rigueurs naturelles de la guerre, de rigeurs loyales, s'entend...

— Un général civilisé ne peut pas supposer autre chose, riposta Latavelle; mais s'est tout le contraire qui eut lieu à mon égard.....

— Alors, je vous écoute bien mieux encore.

IV

L'HISTOIRE DE LATAVELLE

— Un jour, le colonel me désigna pour une reconnaissance lointaine, qui devait être faite par douze hommes commandés par un chef d'escadron.

Il y avait trois ou quatre heures que nous chevauchions par d'affreux chemins, lorsque, près de deux grands corps de bâtiments, nous aperçûmes une vingtaine de chevaux prenant pitance sous la garde de quelques sentinelles.

Aussitôt l'envie nous saisit de remonter la cavalerie française à bon compte.

C'était un détachement de Croates qui faisait ripaille dans une distillerie.

Envoyé en éclaireur, je reconnus minutieusement le campement ennemi et je fournis un plan de capture, auquel adhéra notre chef d'escadron.

Il fut décidé que huit des nôtres, sabre en main, pistolets au ceinturon, se jetteraient dans le campement, mettraient en état d'impuissance

les sentinelles et entraîneraient les chevaux autrichiens.

Le plan réussit pleinement. Deux sentinelles
furent baillonnées et garrotées; une troisième
fut emmenée avec les montures ennemies, et
trois autres succombèrent dans une lutte sans
merci, d'homme à homme.

J'etais chargé spécialement de la capture de
deux chevaux d'officiers retenus captifs dans le
plus proche voisinage de la distillerie.

J'avais déjà enfourché l'un d'eux, losrqu'une
balle vint me fracasser la main.

Une seconde balle m'atteignit presque aussitôt à la jambe droite et me jeta à terre.

Les cavaliers firent feu sur mes camarades
sans en égratigner un seul.

Et puis toute la meute de Croates se rua sur
moi avec une rage forcenée.

On me traîna tout ensanglanté devant la distillerie.

Un seul parlait français, parmi les adversaires
cruels entre les mains desquels je venais de tomber: c'était le brigadier que j'ai retrouvé hier à
La Pagane.

Il m'annonça avec des ricanements féroces
qu'on allait me passer par les armes.

On me plaça sur un banc contre deux tonneaux, puis la fusillade commença.

A la première détonation, l'un des tonneaux contre lequel j'etais adossé fut troué par les balles.

Il en sortit des flots d'esprit de vin ; un fragment de cartouche ne tarda pas à les enflammer.

Bientôt je roulai dans une véritable lac de feu.

Je me relevai une fois, deux fois ; je voulais m'échapper de cet enfer ; mais, à chaque effort, je rencontrais un bras qui me rejetait dans la fournaise.

Enfin, j'entendis le pas de chevaux qui avançaient à fond de train : c'était mes frères d'armes accourant à mon secours.

Je fus sauvé !

Les Croates fuirent à leur approche ; mais ils ne tardèrent pas à devenir nos prisonniers. L'organisateur de l'horrible drame que je viens de raconter échappa seul à toutes les battues

Quatre-vingts jours après cette affaire, je revins à moi dans un hôpital de Strasbourg.

Maintenant, vous devez comprendre les puissants motifs qui m'ont poussé à vous demander un poste de confiance dans la milice antiboise ?

— Dès ce moment, répondit Chiavari avec force, vous partagerez avec Rostan les périls que nous allons courir.

~~~~

V

Le surlendemain du jour de l'entrevue de Chiavari avec Latavelle, tout ce qui, à Antibes, était capable de porter les armes, fut convoqué pour six heures du matin sur la place du Marché.

A six heures et demie, le général fit son apparition, escorté, non-seulement de Rostan et de Latavelle, mais encore d'un groupe de cinq ou six jeunes gens des meilleures familles du pays, formant autour de lui comme une sorte de garde d'honneur.

La première impression de Chiavari fut pénible en apercevant les allures insouciantes et presque joyeuses de la foule qui se pressait dans les rues et sur la place.

La vue d'une multitude de couples allant à ce rendez-vous solennel, celui-ci avec sa fiancée, celui-là avec sa sœur, les uns avec leurs filles, les autres avec leurs femmes, impressionna tristement Chiavari. Il désespéra tout d'abord du courage et de l'énergie des Antibois, en les voyant se disposer pour le combat comme on se prépare pour un romérage.

Dans ces groupes d'hommes, qu'il jugeait efféminés, parmi ces miliciens à qui il déniait au premier coup d'œil les solides vertus du soldat, il souffrit surtout de voir le jeune porte-étendard Mathieu Bussaire arriver en sautillant sur la place, bras dessus bras dessous avec une jeune fille, dont le frais, beau et fier visage exprimait plutôt fiançailles que batailles.

Les sentiments intimes du général furent devinés par Rostan, qui lui dit doucement :

— Ne vous alarmez point, général, de l'air de fête que vous voyez répandu sur tous les visages, et ne tirez pas un mauvais horoscope de la présence des femmes en un pareil moment.

— C'est que, d'ordinaire, cela ne présage pas grand'chose de bon, répondit Chiavari sur le même ton.

— Ailleurs, cela se peut, ajouta Latavelle ; mais ici les femmes aiment à s'associer aux dangers des hommes.

Le mutilé fit signe au porte-étendard d'approcher avec la jeune personne dont il tenait le bras, et qui n'était autre que sa sœur.

Jéromette Latavelle fit au général la plus gracieuse des révérences, accompagnée du plus séduisant des sourires, tandis que Mathieu Bussaire saluait, la main droit au front et le drapeau dans la main gauche.

— Général, continua Latavelle, je vous présente ma sœur... qui sera la première, je vous l'affirme, à porter secours à nos blessés, si jamais nous sortons de la ville pour tailler des croupières aux Croates.

— En attendant, fit Jéromette, je tiendrais à prouver à mon frère que j'ai profité de l'éducation toute militaire qu'il m'a donnée.

— Lorsque les fusils seront plus abondants, nous verrons, mon enfant, répondit paternellement le général; mais, pour le moment, nous allons vous attacher aux ambulances de notre chirurgien. On a toujours besoin de pansement et de charpie en temps de blocus.

— J'espérais une mission plus périlleuse, mais grand merci tout de même de celle-là, général...

Jéromette, toujours appuyée au bras de Mathieu Bussaire, salua de nouveau et rejoignit le groupe principal des miliciens, dans lequel quelques femmes prenaient part à la conversation générale.

Dès qu'elle eut tourné les talons, Chiavari, toujours un peu inquiet, malgré les assurances de ses aides de camp, s'entretint encore à voix basse avec Rostan.

Celui-ci disparut pendant quelques instants, pour revenir bientôt avec des draps noirs.

Il en couvrit la caisse des deux tambours de la milice.

Une fois ces apprêts terminés, Latavelle ordonna un roulement; les groupes entourèrent le général. Celui-ci éleva la voix et dit :

— Braves gens! la place est à la veille d'un bombardement impitoyable. Mes pressentiments me le disent plus encore que les avis secrets que j'ai reçus... Les marches et les contremarches de l'ennemi ont redoublé cette nuit... Son artillerie a pris position sur nos collines.. Il n'y a plus de doute possible!...

— Plutôt que de se rendre, s'écria Rostan avec énergie, les Antibois mourront dans les églises où ils se sont rassemblés.

— Avant de se résigner à la mort, dit Chiavari, il faut songer à vivre; nous vendrons chèrement

nos existences... La ville n'a pas de troupes ;
les armes, les munitions font défaut ; mais les
braves ne manquent pas... Mourir en martyrs,
c'est mourir en impuissants... Nous n'en sommes pas encore là, Dieu merci !... Si l'on nous
écrase, eh bien ! il faut tenter le salut par les
brêches qu'ouvrira la mitraille...

— Général, dit Mathieu en élevant son drapeau, comptez sur moi pour marcher à vos côtés !

— J'y compte bien, mon garçon... Nous aurons cent chances pour une de trouver la mort ;
mais au moins nous aurons épuisé notre dernière
ressource !...

Des cris enthousiastes accueillirent l'allocution de Chiavari. Le calme fut long à se rétablir
dans cette population électrisée... Deux nou-
veaux roulements de tambours furent ordonnés.

— Laissez donc parler le général ! cria la voix
sonore de Latavelle.

Chiavari reprit :

— Maintenant, vous connaissez ma détermination, et je suis sûr de n'être pas seul à combattre sur les remparts. J'avoue que ma première
pensée, en vous voyant venir ici, a été injuste...
A la vue de ces femmes, de ces jeunes filles, de

4

ces mères se serrant contre leurs maris, leurs
pères, leurs fils, j'ai cru à de la faiblesse, à de
la peur!... J'ai cru que le cœur supplantait la
tête... et que les hommes allaient fléchir aussi...
Je me suis trompé... Je vois, au contraire, que
tous puisent une force indomptable, un dévouement sans bornes dans les yeux, dans les paroles, dans les étreintes de ces femmes héroï-
ques! .... Avec des citoyens comme vous, on
triomphe toujours, tout me le dit : votre attitude, vos regards empreints d'une mâle fierté...
Marchez donc avec moi, et si nous succombons,
au moins vous aurez donné au monde un intrépide
exemple du patriotisme des Français.

Le langage chaleureux et entraînant de Chiavari, tout sincère qu'il fût, tendait à un triple but :

C'était d'abord un hommage rendu à une population naturellement belliqueuse.

C'était ensuite un moyen de connaître à quel
degré de virilité et d'abnégation pouvait attein-
dre le civisme des Antibois.

Enfin et surtout, c'était une manœuvre habile
pour relever le moral abattu de quelques habitants énervés par l'immobilité que leur infligeait
un long blocus.

— Avant de parcourir la ville, dit Chiavari en s'adressant à la foule, quelqu'un de vous sait-il le point qu'occupe l'état-major des assiégeants?

— Voyons, mes chers concitoyens, répéta Latavelle, quelqu'un de plus clairvoyant que moi est-il sorti de la ville et a-t-il vu l'endroit où est campé l'état-major de l'ennemi!

Un silence complet succéda à cette double question... Le général continua :

— Il est un point vulnérable pour nous du côté de l'ennemi. Si l'état-major occupe ce point, c'est encore une chance qui nous reste; mais comment et par qui le savoir?

Jéromette Latavelle s'avança...

— Eh bien, par moi! dit-elle d'une voix vibrante; j'irai où il faudra pour cela...

— Vous, ma fiancée! fit Mathieu Bussaire avec admiration.

— Toi, ma sœur! exclama Latavelle avec une noble fierté.

— Oui! moi, si l'on m'y autorise, répondit Jéromette avec fermeté.

— Oh! général, donnez-lui cette mission, reprit Latavelle d'un ton suppliant... et embrassez-la avant qu'elle parte.

— Allez, brave fille! fit Chiavari en déposant un baiser sur le front de Jéromette... Vous êtes digne des Jeanne d'Arc et des Jeanne Hachette.

Pour se dérober aux transports de la foule, la sœur de Latavelle, après avoir mis sa main dans celle que lui tendait Mathieu Bussaire, impressionné jusqu'aux larmes, quitta la place du Marché et se dirigea du côté de l'hôpital.

VI

SŒUR MISÉRICORDE

Quelques jours avant les événements que nous avons raconté dans notre précédent chapitre, sœur Thérèse mourait à l'hopital.

C'était une vénérable femme de soixante-dix ans, dont la mission consistait principalement à porter des consolations et des médicaments aux vieillards et aux ménages pauvres des environs d'Antibes.

Le blocus de la ville n'avait pu ralentir son zèle, et elle venait d'en expirer victime.

La longue expérience de sœur Thérèse lui avait enseigné une infinité de remèdes et de pratiques médicales qui, dans bien des circonstances, dispensaient les campagnards du médecin.

Tous les deux jours, elle faisait sa tournée, et la sainteté de sa mission l'avait, jusqu'alors, mise à l'abri des rigueurs de la guerre.

Une balle sacrilége vint un jour briser cette

existence consacrée entièrement aux infortunes de toutes sortes.

Jérômette Latavelle avait été, depuis son jeune âge, l'enfant de prédilection de cette sainte femme.

Une fois par semaine, elle l'accompagnait dans ses pieux pèlerinages, dans ses visites auprès de la souffrance et de la pauvreté.

Aux dernières paroles de Chiavari, la pensée d'obtenir pour elle la succession, l'héritage évangélique de cette femme vénérée, traversa l'esprit de Jérômette.

Son dévouement pour les malheureux, son caractère déterminé, la réserve que son regard imposait aux plus audacieux, firent taire les scrupules de la supérieure à l'égard d'une mission aussi dangereuse pour une femme jeune et belle.

Jérômette revêtit aussitôt le costume des sœurs de l'hôpital et sortit en jetant comme adieu ces mots à ses nouvelles compagnes :

— Priez pour sœur Miséricorde ?...

Toutes se regardèrent avec effroi et surprise en entendant ces paroles étranges et mystérieuses.

La supérieure fit quelques pas et chercha à

ramener Jérômette au seuil de l'hôpital; mais l'intrépide jeune fille, absorbée par sa mission, dévorait l'espace, et elle ne se retourna même pas.

Sa sortie de la ville ne fut signalée par aucun incident digne d'être rappelé. Mais, du côté du vallon de Laval, elle rencontra une patrouille ennemie de cavaliers à pied.

A la tête de cette patrouille marchait un brigadier, dont le regard cynique semblait animé par de brutales passions.

— Où allons-nous si rapidement sans sœur Thérèse, ma belle nonette? fit cet homme en regardant notre Antiboise.

— Sœur Thérèse n'est plus de ce monde, répondit Jérômette d'une voix grave et assurée...

Et elle voulut avancer...

— Vous lui avez donc succédé? continua l'indiscret.

— Oui, c'est moi qui la remplace provisoirement, et je vais en ce moment aux bastides de l'Estagnon porter des secours à une agonisante...

— Il paraît que nous vous inspirons plus de confiance qu'à vos concitoyens, continua galamment l'Autrichien.

— En tous pays, la charité est respectée dans ses disciples : voilà le sauf-conduit sur lequel j'ai compté...

— Et vous avez bien fait... Cependant, si vous le permettez, je vous donnerai un gage de ce respect en vous accompagnant jusqu'au terme de votre course...

— Non, merci; cette politesse, vous le comprenez, donnerait un démenti à la confiance que j'ai dans vos frères d'armes...

— Notre armée, règle générale, a des égards pour les servantes du Seigneur; mais vous pourriez bien en chemin rencontrer une exception.

— Je ne redoute même pas l'exception, répondit sœur Miséricorde d'un ton ferme.

— Diable ! c'est presque de la témérité qu'une pareille assurance en soi-même...

— Au moindre geste inconséquent, à la moindre parole irrévérencieuse, j'aurais bientôt fait de tomber aux pieds de votre général pour lui demander justice.

— Oh ! oh !... Mais c'est que le quartier-général des Roches-Grises est bien loin, et vous auriez le temps d'être insulté cent fois avant qu'il vous entendît...

A cet éclaircissement inattendu, à cette révélation précieuse, sœur Miséricorde comprima un bondissement de joie...

— Eh bien ! j'irai tout de même, meurtrie, brisée, méconnue !...

— En supposant, toutefois, que votre course ne fût point arrêtée par les milles précautions naturelles que la guerre impose...

— L'indignation donne des forces qui lèvent les difficultés et des accents qui frappent les oreilles récalcitrantes. -

La patrouille et sœur Miséricorde remontaient toujours à pas lents le long du ruisseau de Laval.

— Allons, allons, puisque cette pensée de nous croire gens d'honneur vous fait décliner toute protection, je vous abandonne à votre confiance bien placée, dit le brigadier en laissant échapper un sourire diabolique...

La patrouille bifurqua sans trop se hâter à travers les sentiers reliant le chemin de Puits à celui de Biot, tandis que sœur Miséricorde parcourait d'un pas rapide la colline de l'Estagnon...

La courageuse Antiboise n'était pas accessible à la peur ; mais, pendant cette marche fougueuse, un pressentiment pénible infligeait à son esprit des défaillances passagères.

En groupant ses souvenirs, elle avait acquis la certitude que le chef de la patrouille n'était autre que le soldat qui avait martyrisé son frère.

Si un doute lui restait, bientôt il ne lui fut plus permis lorsqu'elle aperçut ce Croate sauvage la suivre de loin, se courbant dans les champs et passant de préférence dans les massifs de broussailles pour dissimuler sa poursuite.

Sœur Miséricorde plongea les mains dans ses poches, en tira deux petits pistolets dont elle fit manœuvrer les chiens, les plaça à sa ceinture, sous sa pèlerine, et entra d'un air tranquille et résolu dans la pauvre bastide du père Toulandre.

VII

LA PRÉFACE D'UN DRAME

La scène qui va se dérouler dans la masure où pénètre sœur Miséricorde rend utile une description sommaire des lieux, et détermine quelques explications sur les gens qui l'habitent.

La façade de cette pauvre demeure est percée d'une seule porte et d'une seule fenêtre.

Elle n'a qu'un rez-de-chaussée composé de deux pièces, recouvertes d'une toiture à moitié effondrée et soutenue par deux poteaux moisis, excoriés et rugueux.

La première pièce, où se trouve la cheminée, est garnie d'une misérable couchette, de trois chaises, d'une table et d'un bahut.

Entre le bahut et la couchette, une ouverture, masquée par une tapisserie en loques, donne accès dans la seconde pièce, qui est éclairée par un simple vitrage, si haut placé qu'on ne peut voir la forêt de Mougins qu'en grimpant sur une chaise.

A l'entrée de cette chambre, à gauche, existe une cave profonde, dans laquelle on descend par une large échelle jadis robuste, mais vermoulue à cette époque.

Ici des figues sèchent sur des claies posées entre de vieux tréteaux ; là des noix font compagnie aux châtaignes dans une caisse, et un peu partout sont déposés quelques petits sacs de blé et de légumes secs.

Il y a même jusqu'à du plâtre, un tas de pierres, des truelles, de lourds marteaux et des piques dans ce réduit, ce qui s'explique par le métier qu'exerçait et qu'exerce encore, plutôt mal que bien, le père Toulandre.

L'un des pans de murs est décoré d'un rideau de serge verte : c'est derrière que se trouve le vestiaire du pauvre ménage.

Lorsque sœur Miséricorde heurta à la porte de la bicoque, la mère Toulandre quitta, pour aller tirer le verrou, la dure couchette sur laquelle une tumeur compliquée d'épilepsie naissante la clouait depuis de longs mois.

En apercevant Jérômette, la valétudinaire,

abandonnant les murs humides et délabrés contre lesquels ses mains s'appuyaient, tomba dans les bras de la visiteuse et couvrit ses joues de baisers.

— Depuis quatre jours, je n'ai vu personne, mon enfant, dit la pauvre vieille d'une voix larmoyante, faible et chevrotante, et je me suis cru abandonnée du ciel et de la terre.

— Tranquillisez-vous maintenant... Je vous apporte potions, médicaments de toutes sortes, et j'ai même de l'argent, s'il vous en faut, dit sœur Miséricorde en reconduisant la malade à son lit.

— De l'argent, c'est inutile, puisque l'on ne peut rien acheter ; mais j'ai grand besoin de soulagements et de consolations.

— Recouchez-vous bien vite ; je vais préparer votre tisane et vous dorloter de mon mieux pendant les courts instants que j'ai à vous donner avant de me diriger du côté de Biot.

— Comment, Jéromette ! tu parles déjà de partir et je n'ai pas encore dit un mot de l'étonnement que me cause tes habits de sœur de charité !

— Sous tout autre costume, je n'aurais pu arriver jusqu'à vous, et c'est sûr que je ne pourrais pas aller voir une autre malade, Jeanne-la-Niaise, aux Roches-Grises. Or, il a bien fallu m'en revêtir pour remplacer sœur Thérèse qui... qui est un peu souffrante...

— Espérons pour le bien des pauvres gens que cette indisposition cessera bientôt...

Pendant tout cet entretien, sœur Miséricorde allait et venait par la maison, activant le feu à la cheminée, faisant de la tisane, pansant la malade et réparant un peu le désordre du logis.

— Mais où est dont le père Toulandre ? fit Jérômette, pour détourner l'entretien engagé sur sœur Thérèse.

— Il est parti il y a une grande demi-heure, avec sa cruche, pour la Sourçotte... Et ton frère, dis-moi donc ce qu'il devient, au milieu des calamités que la guerre fait pleuvoir sur le pays ?

— La défense d'Antibes l'occupe jour et nuit, continua Jérômette les regards toujours attirés vers la croisée ; — il trouve encore le moyen d'être... le moyen d'être utile dans son état d'infirmité...

En ce moment, sœur Miséricorde aperçut passer le brigadier autrichien allant à pas lents.

— Qu'est-ce que tu as donc ? fit avec un peu

d'anxiété la mère Toulandre en se levant à
demi... Tu viens de changer de visage et tu ne
me parles qu'en regardant du côté de la fenêtre !

— Oh! rien, rien!... répondit Jérômette en
présentant une tasse de tisane aux lèvres de la
malade.... Je croyais entendre le père Toulandre,
et c'est un de nos ennemis qui passe...

— Tu n'as donc pas eu de craintes à la pensée
tant soit peu folle de venir ici comme ça toute
seule? Mais sais-tu bien, ma chère fille, que c'est
presque de l'héroïsme, oui, de l'héroïsme, dépensé pour une inutile et moribonde créature
comme moi !...

L'Autrichien, revenant sur ses pas, s'arrêta à
la fenêtre et fouilla d'un regard inquisiteur l'intérieur de la masure.

— L'idée que j'allais vous être agréable m'a
empêché de prévoir toute espèce de danger,
répondit sœur Miséricorde un peu surexcitée.
Mais votre mari est bien longtemps dehors?

— Il a peut-être poussé jusqu'à la bastide
des Limons, pour prendre le pain qu'il a cuit
hier... Mais tu regardes toujours vers le chemin;
pourquoi ne pas me dire que quelque mauvaise
affaire te préoccupe?...

— Eh bien! oui, quelque chose pique ma curiosité : c'est la promenade que fait à cette heure devant votre porte un cavalier autrichien que j'ai rencontré en route, qui m'a parlé, qui m'a dit adieu et que voilà encore là dehors.

— Il doit avoir quelque vilain projet en tête... Va pousser les verroux...

Sœur Miséricorde quitta le siége qu'elle occupait près du lit, et se dirigea vers la porte : mais cette porte s'ouvrit brusquement et livra passage au brigadier...

VIII

UN AMOUR SPONTANÉ

L'Autrichien ferma tranquillement la porte derrière lui et en poussa les verroux...

— Je crois que c'est la précaution que vous alliez prendre? fit-il d'un air astucieux.

Un instant les deux Antiboises furent déconcertées par cette apparition insolite et soudaine ; mais la plus âgée en fut beaucoup moins impressionnée que l'autre.

La mère Toulandre, avant que sœur Miséricorde fût revenue de sa stupéfaction, sauta au bas de sa couchette et vint se placer, la figure bouleversée par l'exaspération, devant l'audacieux envahisseur.

— Que voulez-vous? lui dit-elle d'une voix stridente et impérieuse.

— Cent pardons, milles excuses, d'avoir troublé votre repos, repondit le brigadier avec une

5

assurance surnaturelle; mon Dieu, je viens éclair-
cir un fait signalé à notre état-major...

— Vous n'ignoriez pas qu'il n'y avait ici que
deux femmes, répliqua sœur Miséricorde avec
une souveraine dignité, — par conséquent, les
plus simples convenances devaient vous dicter
d'autres procédés...

— Une coïncidence fortuite et peut-être fâ-
cheuse m'a fait ouvrir la porte au moment où
vous alliez la fermer, continua l'Autrichien sans
se décontenancer; je ne vois vraiment pas la ma-
tière à récriminations... nécessairement illusoi-
res; car, après tout, ajouta-t-il d'un ton plus
dur, le service particulier dont je suis chargé
laisse à mes actes une certaine liberté...

— Parce que vous parlez notre langue, il est
visible que votre commandant en chef vous a
investi de missions... de confiance... qui consis-
tent naturellement à traiter nos foyers comme
des brouissailles, comme un territoire déjà conquis, et vous avez pleins pouvoirs pour pénétrer
dans nos demeures sans compassion pour la souffrance, sans respect pour l'intimité de deux
femmes dont l'une vient secourir l'autre; enfin,
en y foulant aux pieds le droit des gens...

— C'est vrai, c'est bien, Jérômette! s'écria la malade avec reconnaissance et en serrant avec effusion les mains de la sœur de charité ; oh ! tu es aussi courageuse que belle !

— Mais vous le prenez de beaucoup trop haut et surtout de trop loin, mesdames ! reprit le soldat avec la même impassibilité... Si je vous disais que je suis franc, de joyeux caractère et de nature aimante, vous douteriez certainement de mes paroles, n'est-ce pas ?... Eh bien ! trêve à vos incrédulités, au moins pendant quelques instants, et veuillez m'écouter...

Se dissimuler aux confidences de l'Autrichien était impossible ; mais comme, en définitive, la mère Toulandre semblait avoir dépensé toute son énergie au début de cet entretien et que sœur Miséricorde avait tancé vertement l'invasion brutale du domicile de la malade, un silence qui n'était ni un acquiescement, ni une protestation, s'établit de lui-même dans la maison.

— J'ai rencontré tout à l'heure cette jeune sœur hospitalière... improvisée, recommença le brigadier d'une voix légèrement persifleuse, en s'adressant à la mère Toulandre et en joignant les deux mains sur la garde de son bancal...

Jérômette laissa échapper un mouvement qui décelait un violent dépit...

— Enfin, mademoiselle, vous ne pouvez pas nier la fraîcheur de votre mandat, puisqu'il y a trois jours au plus, je vous ai rencontrée sous un costume de paysanne, vous allant, ma foi, à merveille, ce qui, en tous cas, prouve qu'en ce temps-ci les vœux se prononcent bien vivement à Antibes.

— En effet, la guerre force les hospices et les communautés à combler avec précipitation les vides impies que vous y faites, riposta Jérômette d'un ton incisif; car il n'y a rien de sacré pour les balles et le cynisme de nos ennemis...

— Permettez... Lorsque les sœurs de charité se chargent d'autres soins que de ceux de secourir les blessés et les malades pauvres, il est assez naturel qu'on les traite comme des... espionnes. Toutefois, souffrez que je le dise à votre louange, à votre gloire, tout autre que moi ne se serait certainement pas aperçu de votre brusque changement de condition. Mais mon cœur. .

Sœur Miséricorde, qui devinait la pensée du brigadier, manifesta un vif sentiment de répulsion.

La mère Toulandre, assise au bord de son lit et atteinte de prostration, écoutait la conversation avec une sorte d'hébêtement. Les commencements de la scène semblaient l'avoir totalement épuisée. L'Autrichien reprit :

— Oh! oh! des airs de réprobation... des gestes de mépris, Dieu me damne!... Mais détrompez-vous, il y a en moi de la sincérité!... Le sentiment que vous m'attribuez n'est pas celui que je veux exprimer ici... Je suis comme enivré de vos traits nobles et doux, et je m'imagine qu'un autre homme, appréciateur de mauvais aloi, n'aurait sans doute pas été, comme moi, ravi de votre tournure, séduit par votre grâce, ensorcelé par votre beauté... De sorte qu'il vous eût laissé passer avec l'indifférence d'un cœur de marbre le long du vallon de Laval...

— Tout autre que vous m'eût laissé continuer ma route avec déférence et respect...

— Mais n'est-ce point là ce que j'ai fait?... Est-ce ma faute à moi s'il s'est opéré une révolution dans tout mon être lorsque vous m'êtes apparue pour la première fois?... Bientôt, votre image se sculpta dans mon cœur, et, depuis, mon âme a déployé ses ailes et parcourt des régions divines! J'aurais voulu entrer en ville, non pour réaliser le rêve que caresse notre commandant. . mais pour rejeter bien vite au loin mes armes et ma livrée d'envahisseur de la France, et puis ensuite, sous la vareuse du marin, vous chérir, vous admirer, vous adorer à toute heure du jour!

— Mais un tel langage, tout flatteur qu'il soit pour moi, définit un sentiment que je ne puis partager... S'il m'était permis de sortir sans danger pour les jours de cette pauvre femme, il y a longtemps que je me serais soustraite à l'audace de vos paroles.

— Votre témérité est cruelle... Je vous en supplie, n'exaspérez pas ainsi mon cœur... Les blessures qu'on lui fait entraînent mon esprit vers d'effroyables égarements!...

— Eh! que m'importe vos égarements! Je n'en redoute nullement les excès... Vous êtes soldat, et même soldat honoré de l'entière confiance de chefs impitoyables pour nos biens et nos personnes... Vous leur êtes dévoué; vous cherchez à fixer leur attention par des équipées qui font notre désespoir et attisent notre haine!... Et vous voulez que je vous écoute avec calme, avec commisération!... Et vous voulez que ma vie,

qu'un lien, qu'une sympathie quelconque viennent récompenser des services dont rougirait le
plus misérable des soldats français!... Ah! j'aime
bien trop ma ville natale pour pousser jusqu'à
cette honteuse limite l'oubli des malheurs de
mon pays, au-dessus desquels il est encore mes
saintes affections de famille et mes devoirs de
charité!...

— Vos devoirs de charité! s'écria le brigadier
en cherchant à maîtriser sa rage; mais voulez-
vous donc me forcer à vous dire que je crois à
leur fragilité... Voyons, avouez qu'ils sont plutôt un moyen de surveiller les mouvements de
vos adversaires qu'une vocation ..

Le visage de Jérômette s'empourpra.

— Et pourquoi pas l'un et l'autre? fit-elle en
se redressant avec décision et fierté, et en regardant l'Autrichien en face.

IX

COMMENCEMENT DU CHATIMENT

La mère Toulandre s'avança à pas chancelants et dit :

— Depuis votre entrée sinistre en ces lieux, vous avez oublié que c'était presque une chambre mortuaire, soldat de malheur !... Mais la Providence veille sur les faibles, et elle ne souffrira pas qu'on outrage impunément un ange de vertu et de dévouement !...

— La Providence aurait fort à faire si elle s'occupait des divagations des vieilles gens ! répliqua cyniquement le brigadier.

Puis, se tournant vers sœur Miséricorde, qu'il espérait toujours subjuguer par des banalités galantes, il lui dit, avec une modération factice :

— L'outrage, mademoiselle, est aussi loin de mes lèvres que la fausseté de mon cœur...

— Monsieur, je vous le demande au nom des

souffrances de cette pauvre martyre, retirez-vous... ou alors...

L'inflexibilité de sœur Miséricorde déchaîna enfin la rage longtemps contenue du Croate. Il lui répondit d'un ton agressif :

— Ou alors, quoi donc ? Je ne puis ni ne veux me retirer ; car s'il y en vous la femme pure, la femme séduisante, la femme charitable, il y a aussi la patriote ardente et déterminée... il y a aussi l'espionne...

— Mais cela n'est pas ! dit avec véhémence la malade, qui s'était levée et s'agitait convulsivement...

— Retournez à votre lit, mère Toulandre, fit Jérômette en portant presque la vieille femme ; ne donnez pas à cet homme le plaisir de vous tuer...

— Mais il a dit que tu étais une espionne !...

— Et quand cela serait, mère Toulandre, m'en aimeriez-vous moins ?... Je sers mon pays comme je l'entends, contre une soldatesque sans principes, sans honneur et sans foi ..

— Vous en convenez donc, enfin ! exclama le brigadier avec une joie féroce... Alors, adoucissez l'expression de vos ressentiments contre nous ;

7

car vos dernières paroles viennent de faire passer d'étranges idées dans mon esprit... Maintenant, l'aveu qui vous est échappé légitime ma
présence ici et couvre ma conduite future. Il
faudra bien sur l'heure que vous me disiez
quelles sont les forces, quelles sont les troupes
qui défendent Antibes...

— Croyez-vous donc m'intimider en me faisant
entrevoir que vous êtes capable de rigueurs hon-
teuses et de violences mortelles... Vous m'égor-
gerez si vous le pouvez, mais vous ne saurez
rien !

— Il n'y a de ma part ni menace, ni intimi-
dation, ni projet sanguinaire... Je constate simplement que votre vie est entre mes mains;
mais laissez-moi vous dire encore une fois qu'il
ne tient qu'à vous que la mienne soit entre les
vôtres... Dites un mot qui me rassure, qui me
maintienne dans les bonnes voies d'amour et
d'humanité dont je vous dois l'initiation; relevez-
moi à mes propres yeux, ne fût-ce qu'avec de la
pitié; laissez-moi croire, une fois dans ma vie,
que je ne serai pas, jusqu'à mon dernier jour,
un objet d'opprobre et d'effroi, un homme indigne d'être aimé...

— Ce mot, je ne le dirai jamais, car vous ne m'inspirez que haine, épouvante et mépris, entendez-vous?...

A cette écrasante déclaration, le Croate devint livide de colère; le sentiment de l'orgueil froissé étouffa la voix de ses passions; il céda à un mouvement de haine et de vengeance atroce : aveugle de fureur, il tira son arme du fourreau et fondit brutalement sur Jérômette en essayant de la frapper; mais celle-ci, opérant une habile et prompte manœuvre, esquiva le coup et se réfugia dans la seconde pièce.

Le soldat, furieux, tournoya un instant sur lui-même et tomba...

Une fois relevé, il se précipita sur les vieilles loques qui servaient de porte, voulant poursuivre son infernal projet...

A cette vue, la mère Toulandre quitta encore une fois son lit et s'élança derrière le forcené...

Dans sa rage, le brigadier déchira d'une seule étreinte la vieille tapisserie tenant lieu de porte et il allait s'introduire dans la chambre où s'était retranchée Jérômette, lorsqu'il fut arrêté par deux pistolets que la brave fille tenait braqués sur lui et dont la vue le rendit immobile comme une statue...

La mère Toulandre, réunissant tout ce qui lui restait de vie dans un suprême effort, profita de cette circonstance pour lui imprimer une poussée vigoureuse...

Le corps du soldat autrichien alla plonger comme un bloc dans la cave béante, tandis que la pauvre vieille, ayant perdu l'équilibre et le souffle, allait se fracasser la tête contre le bahut...

Elle expira presque aussitôt.

Pendant que sœur Miséricorde, les pistolets à côtés d'elle, se consacrait entièrement à la mère Toulandre, elle entendit remuer l'échelle de la cave...

Elle se releva comme une lionne blessée et se porta à l'entrée du gouffre :

— Lâche l'échelle, cria-elle, ou je te tue comme une bête maudite...

— Malédiction ! hurla l'Autrichien.

Jérômette retira cette échelle d'une main, tandis que de l'autre elle tenait en respect son prisonnier, dont le visage tout meurtri lui apparraissait dans l'ombre...

Une fois cette précaution prise, la vaillante

Antiboise releva le corps de la mère Toulandre.

Elle prit ensuite un pain dans le bahut et le jeta dans la cave.

Ensuite, à l'aide d'une corde, elle y glissa une cruche d'eau.

Puis, se penchant dans la prison du Croate vaincu, elle lui dit d'une voix vibrante :

— Veux-tu savoir qui je suis, maintenant, toi qui niait la Providence tout à l'heure?... Eh! bien! je suis la sœur de ce dragon que toi et tes cavaliers vous avez brûlé tout vif à Dantzig!... Ce souterrain sera ton tombeau; car tu n'en sortiras que lorsque les hordes auxquelles tu appartiens seront disparues... Tu ne verras le jour que lorsque nous verrons la liberté!...

— Grâce! pardon! vous que j'ai offensée...

— Le pardon, si tu en mérites, c'est mon frère qui te l'accordera...

Déjà sœur Miséricorde se préparait à condamner l'entrée de la cave avec des branches d'oliviers, des pierres et du mortier, lorsque le brigadier, devenant traître et lâche envers les siens, après avoir été méchant, bravache et fourbe envers les nôtres, murmura d'un accent profondément altéré :

— Ecoutez-bien ce que je vais vous dire...

Sœur Misericorde s'approcha davantage de la cave...

— Le quartier-général est aux Roche-Grises...

Sœur Miséricorde tendit une oreille anxieuse aux profondeurs sombres...

— Le commandant et l'état-major occupent la grande grotte...

— Ah! enfin! s'écria Jérômette avec une explosion de joie...

— La maladie et le découragement sont dans le camp de vos ennemis et les vivres leur manquent... Descendez la corde, je vais y attacher les preuves de ce que j'affirme...

Sœur Miséricorde s'exécuta.

Elle trouva au bout de la corde un petit paquet de pièces écrites en allemand...

— Antibes! oh! Antibes! mon beau pays que j'aime! je pourrai donc quelque chose pour ta délivrance! continua sœur Miséricorde avec les mêmes transports.

La peur de mourir dans le sombre caveau où l'avait jeté la mère Toulandre avait fait du Croate un misérable qui, maintenant, désirait le triomphe de la France après en avoir désiré la ruine, et il faisait des vœux pour la **défaite** de l'armée d'invasion, après avoir coopéré à ses lugubres succès...

La possession des papiers du brigadier n'empêcha pas sœur Miséricorde de poursuivre son projet de condamnation de la cave; elle en **mura** l'entrée avant de partir... Après avoir solidement fermé la porte de la maison où venait de se passer le terrible drame que nous venons de raconter, elle transporta le cadavre de la vieille femme dans une bastide voisine; puis, ceci fait, elle se mit à la recherche du père Toulandre.

X

PRÉLIMINAIRES D'UNE EXPÉDITION

Mathieu Bussaire et Latavelle passèrent une journée pleine d'angoisses ; car ils savaient Jérômette capable de toutes les audaces pour accomplir consciencieusement la mission qu'elle avait embrassée.

Déjà le crépuscule teintait en gris sombre les rues d'Antibes, et la jeune fille n'était pas encore de retour.

Ils firent vingt fois le trajet de l'hôpital à la maison qu'habitait le général Chiavari, et finirent par s'installer avec inquiétude à ce dernier endroit, dans une pièce où Rostan, assisté de deux jeunes *aides-de-camp*, faisait un relevé statistique des combattants et des armes de toutes sortes que la ville pourrait mettre en ligne.

Frère et fiancé, après une nouvelle demi-heure de surexcitante préoccupation, se disposaient à faire, bras-dessus bras-dessous, une

dernière promenade du côté de l'hôpital, lorsque
tout à coup Jérômette leur apparut.

La brave fille avait le visage altéré et ému,
le regard effaré, la chevelure hors coiffe...

Ses vêtements froissés, déchirés, tachés, révé-
laient une journée de poignantes et terribles
émotions.

Beaucoup de gens de la ville, l'ayant aperçue
dans cet état bouleversé, l'accompagnèrent à pas
rapides jusqu'à la demeure du commandant en
chef, et cette foule, supposant avec raison que
la survenante apportait du dehors d'importantes
nouvelles, s'était groupée devant la porte du
quartier-général.

Jérômette serra silencieusement la main que
lui tendit Mathieu et tomba épuisée dans les bras
de son frère, qui ne cessait de lui dire en l'em-
brassant :

— Pauvre Jéromette!... Je me doutais bien
que cette tâche était un peu au-dessus de ton
courage et de tes forces...

— Mais, détrompes-toi, mon frère, fit Jérômette en se redressant avec fierté; j'ai pleinement réussi, et j'ai été digne de toi, digne de
Mathieu, et surtout digne de ma ville natale...

8

Et en disant cela elle reprit encore la main de son frère et celle de son fiancé.

— Dans quel état tu es!... reprit Latavelle avec anxiété; mais que s'est-il donc passé par là-haut?

— Rien qui puisse t'alarmer et te faire regretter mon départ... Tout à l'heure tu sauras tout...

— On dirait que vous souffrez, Jérômette; seriez-vous blessée, malade? fit Mathieu à son tour.

— Je suis simplement émue et puis encore essoufflée de la marche... J'ai tremblé un peu, rusé beaucoup, lutté pas mal, et finalement je vous reviens ayant triomphé de tous les dangers, de tous les obstacles et de toutes les épreuves...

— Alors tu as tous les détails?... questionna Latavelle.

— Au complet... Allons, voyons, conduis-moi bien vite au général... J'ai des choses extrêmement précieuses à lui dire et à lui confier... Tu verras, que, pour moi, bon sang n'a pas menti... Et puis je te ménage une surprise, une joie, un petit miracle!... Mais viens donc, mais viens donc!... vous aussi Mathieu...

Et la jeune fille entra dans le cabinet du général avec son frère et son fiancé.

Jérômette raconta au général Chiavari les sombres événements qui, pour elle, avaient marqué la journée, événements sur lesquels nous ne reviendrons pas, les ayant déjà portés à la connaissance de nos lecteurs dans les chapitres précédents.

En terminant son récit palpitant, coloré, entraînant, Jérômette tendit au défenseur d'Antibes le pli livré par l'Autrichien :

— Général, dit-elle en le lui passant, le quartier-général de l'ennemi est établi dans les excavations des Roches-Grises .. Voici des pièces qui attestent ce que je vous apprends... et bien d'autres choses encore...

Chiavari, qui connaissait suffisamment d'allemand pour déchiffrer ces pièces, les saisit d'une main fébrile, les parcourut avec avidité, et laissait voir sur sa physionomie un contentement des plus vifs à mesure qu'il avançait dans sa lecture.

— Quant à toi, mon frère, mon bon frère, fit Jérômette d'un ton mystérieux, ah! il me reste une révélation bien extraordinaire à te faire...

— Eh! quoi donc, ma vaillante?...

— C'est à n'y pas croire tant le fait se rapproche du surnaturel...

— Tu sais bien que je te croirai...

— Le soldat autrichien dont je viens de vous parler...

— Celui qui est dans la cave?...

— Oui... eh bien! c'est ce barbare qui faillit te faire périr dans les flammes à Dantzig...

— O justice divine!... s'écria Latavelle, que la stupéfaction fit presque chanceler et rendit muet quelques secondes... J'ai confiance en toi, sans doute, reprit-il après; mais en es-tu bien sûre?. .

— Sûre comme de ton affection pour moi...

— Ah! général, pardonnez-moi cet attendrissement... Je n'y puis résister... Allons, Jérômette, viens que je t'embrasse encore une fois!... Quel brave et grand cœur tu as!... N'est-ce pas que j'ai dans ma sœur la plus aimante comme la plus héroïque des femmes?

— Morbleu! vous avez raison d'être orgueilleux et fier d'une telle sœur, répondit Chiavari; moi-même, toute ma vie je me glorifierai du concours qu'elle nous a prêté... Mais laissez lever le siége, et vous verrez si je sais reconnaître le vrai patriotisme...

— Pardon, général, répondit vivement Latavelle, mais mon expansion fraternelle est toute
désintéressée...

— Et nous plaignons tous deux ceux qui ne
peuvent rien pour le pays, ajouta modestement
Jérômette, qui avait déjà rougi aux dernières
paroles du général.

Mathieu Bussaire, le jeune porte-drapeau, frissonnait de bonheur en assistant à cette scène, dans
laquelle éclataient les sentiments les plus exquis,
les plus purs, les plus nobles, les plus élevés!

L'émotion lui enlevait l'usage de la langue et
des bras...

A trois reprises, il voulut manifester son admiration par quelques paroles; mais sa gorge ne
put livrer passage à l'expression des pensées
dont son cœur était l'organe éloquent.

Des larmes de joie, des monosyllabes enthousiastes, mais inintelligibles; des gestes décelant
la plus respectueuse tendresse, furent les seuls
témoignages d'amour et de satisfaction suprême
qu'il put accorder à sa fiancée.

Chiavari fit comprendre à ses sympathiques
visiteurs que les papiers qu'il venait de parcourir
l'obligeait à tenir conseil aussitôt; par conséquent,

il retint Jacques Latavelle, congédia afféctueuse-
ment Jérômette et Mathieu, et fit appeler Rostan,
les officiers et les fils de famille de la ville, qui
formaient autour de lui une sorte d'état-major.

— Messieurs, leur dit-il, il faut m'organiser
sur-le-champ un détachement de dix hommes
résolus et intrépides, connaissant parfaitement
le pays et prêts à faire le sacrifice de leur vie...
Mais ne dissimulez pas à ces volontaires qu'ils
marchent à une mort presque certaine... Le temps
presse... Il faut que dans une heure le détachement soit en campagne... Allez, messieurs, et ne
perdez pas une seconde... Rostan, Latavelle,
restez avec moi...

Le cabinet du général fut évacué comme par
enchantement...

XI

LA CONSCRIPTION DES BELLIQUEUX

Les deux invalides interrogèrent du regard Chiavari, qui dit à l'un d'eux :

— Latavelle, il faut qu'après-demain matin votre bourreau de Dantzig passe en justice militaire soit à La Badine, soit à La Pagane... Cela doit vous aller, hein ?

— Oh ! sans doute, général ! exclama Latavelle avec chaleur ; mais comment espérez-vous ?...

— Ceci est mon secret... En attendant, sergent Rostan, je désire que demain soir, entre huit et dix heures, lorsque le clocher de Biot s'illuminera, qu'il y ait une prise d'armes générale à Antibes... Ce que je vous demande surtout, c'est immensément de bruit... Vous souriez tous deux de mon plan sous vos moustaches grises ; je m'en aperçois bien !... Mais vous allez me comprendre : j'ai besoin de faire croire à l'armée de blocus

qu'il y a dix mille hommes de troupes en ville,
et que sur ces dix mille hommes, cinq mille sont
débarqués pendant la nuit noire qui se prépare...
Ainsi, voilà qui est bien entendu : démonstration
guerrière des plus bruyantes pour demain soir...
Je vous recommande un tapage infernal au signal
qui partira de Biot...

— C'est tout ce que vous avez à m'ordonner,
général? fit Rostan.

— Ne vous trouvez-vous donc pas assez
chargé comme cela? répondit Chiavari en frap-
pant amicalement sur l'épaule du sergent.

— Mince besogne absorbe toujours assez
lorsqu'on la veut bien faire, général ; je me
contente de ma tâche... Voici le rapport que
vous nous avez demandé...

Les deux vieux soldats allaient se retirer;
Chiavari leur fit signe de la main de rester encore.

Il s'assit et examina avec soin le travail qu'on
venait de lui remettre. Il était en train d'en
contrôler les chiffres, lorsque Rostan, quittant
l'embrasure d'une croisée où il causait avec
Latavelle, s'avança pour lui dire :

— Général, voilà nos recruteurs qui reviennent escortés par une colonne interminable de solides gaillards... Entendez-vous ces exclamations enthousiastes?...

— Mais que signifie cette manifestation? fit Chiavari en ouvrant la porte de son cabinet et en allant au-devant de la tête de colonne.

— Elle signifie qu'au lieu de dix volontaires, il s'en est présenté cent, deux cents, trois cents, enfin un nombre incalculable! dit un des recruteurs, en faisant irruption chez le général avec la partie la plus vigoureuse de la population antiboise.

— Décidément, vous êtes des citoyens de riche et superbe lignée, mes braves! accentua le général d'une voix puissamment émue en serrant la main à plusieurs des pardonnables envahisseurs... Mais il est impossible que vous puissiez partir tous... La circonstance qui se présente n'exige vraiment que dix hommes.

— Eh bien! alors, dit Mathieu Bussaire, qu'on mette nos noms dans un chapeau, et que le sort décide...

— Tiens, tu as raison, toi!... riposta Chiavari en manifestant son intention de quitter la salle... Messieurs mes auxiliaires, disposez tout sur-le-

champ dans la grande pièce voisine pour passer
à ce nouveau genre de tirage au sort, que j'appel-
lerai la conscription des belliqueux et des Lacé-
démoniens... Peu d'appelés, peu d'élus, mais tout
e monde animé par le plus sublime amour de la
patrie!... Où trouver un acte empreint de plus de
grandeur ?... Allons, il est dit que votre mâle
courage me fera chaque jour quelque nouvelle
surprise !... Qu'on hâte les opérations ; dans vingt
minutes, je viendrai pour en connaître le résultat... Latavelle, accompagnez-moi, je vous prie...

Le général et le mutilé pénétrèrent dans une
autre pièce et laissèrent les organisateurs du
détachement aux prises avec les dispositions
martiales des Antibois.

Il y avait à peine un quart-d'heure que Chiavari et Latavelle conféraient à l'écart et dres-
saient le plan de campagne du détachement,
lorsqu'ils furent troublés dans leur tête-à-tête
par l'arrivée soudaine de Mathieu Bussaire.

Vous n'avez jamais vu figure plus désolée que
celle de ce beau cavalier.

Quel motif puissant l'avait donc poussé à ou-
blier ainsi les convenances et à prendre cet air
désespéré?

Oh! mon Dieu, une chose bien simple : son nom avait eu le malheur de rester au fond du chapeau avec une infinité d'autres, de sorte que l'allégresse des gens favorisés par le sort lui avait fait un mal extrême.

Tant plus les heureux mortels dont les noms étaient sortis au tirage s'ébattaient, s'embrassaient et chantaient de bonheur, tant plus aussi le grand cœur de Mathieu se laissait envahir par le chagrin et l'excusable envie.

— Général, dit-il en entrant avec fougue, j'aime Jérômette, la sœur du dragon Jacques qui est là et que vous honorez de votre entière confiance. Je l'aime, j'en suis bien sûr, au-delà de tout ce que votre âme à tous deux peut ressentir d'affection pour les plus beaux caractères et les plus grandes vertus... et je suis bien sûr que c'est beaucoup dire... Pardonnez-moi cette façon, peut-être présomptueuse, de vous faire voir combien j'idolâtre Mlle Latavelle... Si j'ai tremblé hier et aujourd'hui, je n'ai plus raison de craindre à présent, puisqu'elle est de retour et que nous sommes définitivement fiancés ; mais Jérômette est devenue une héroïne pour le pays ; elle personnifie la simplicité intrépide et l'abné-

gation éprouvée du peuple d'Antibes... Eh bien !
que voulez-vous ? j'ai mon amour-propre, moi !
Je ne voudrais pas, dans ce moment où il y a
dans notre pays tant d'illustres devoirs à remplir pour la France, me trouver à côté d'elle en
nullité de services rendus... Je veux avoir quelques galons à passer à mon bras, sacredienne !

— Mais, voyons, interrompit Latavelle, Jérômette est assez intelligente et assez modeste
pour ne point raisonner avec vous et avec les
autres dans le sens que vous indiquez ici...

— C'est égal, je tiens à mon idée, continua
Mathieu avec exaltation. J'ai, je crois, général,
l'essentiel pour bien payer ma dette à la patrie.
Il fallait une occasion... Hélas ! elle m'est échap-
pée tout à l'heure, c'est-à-dire que je ne fais
pas partie du détachement... Le sort m'a été
fatal... Or, je viens vous demander de rectifier
pour moi la mauvaise fortune... Je vous en prie,
laissez-moi partir avec les dix autres... Je veux
que Jérômette soit fière de moi lorsque toute ma
vie je serai glorieux d'elle .. C'est à genoux
que je réclame l'honneur de partager les angoisses, les terreurs, les périls qui attendent, comme
vous l'avez dit, les dix hommes du détachement !...

C'était là, il faut l'avouer, un genre tout nouveau de formuler des prières.

Solliciter l'honneur de courir à la mort, lorsqu'on aime et lorsqu'on est aimé, a quelque chose qui touche de fort près à la divagation du cœur et à l'aberration de l'esprit. Il n'y a que le patriotisme et l'amour pour créer des êtres aussi bizzares et des situations aussi originales.

Le général se hâta de relever ce singulier solliciteur. Il lui dit :

— Allons, au lieu de dix, c'est de onze hommes que se composera le détachement, et j'ajoute que c'est toi qui le commanderas...

Mathieu se jeta, bon gré mal gré, dans les bras du général comme si vraiment celui-ci lui eût sauvé la considération, l'honneur, la vie !

— Ah! merci, général, merci !

Et l'exalté jeune homme, après être sorti des bras de Chiavari, lui embrassait encore les mains.

XII

L'ENTERREMENT DE LA MÈRE TOULANDRE

Le premier plan de campagne de Chiavari obligeait le détachement à partir à la venue de la nuit ; mais une inspiration heureuse, surgie à Jacques Latavelle, fit prendre d'autres dispositions au général.

Suivons le détachement expéditionnaire et l'on verra qu'elle était cette inspiration.

Nous vous faisons grâce des adieux tendres et touchants échangés entre Mathieu Bussaire et Jérômette.

Il est huit heures du matin...

Un cercueil, porté par quatre hommes, sort de la chapelle de l'hôpital, devancé par un bon vieux desservant en surplis, deux enfants de chœur, dont un porte-croix, et le fossoyeur de la chapelle, Michel Fouquesse, faisant office de bedeau.

Derrière le cercueil marchent le père Toulandre, cinq ou six hommes et quelques vieilles femmes.

L'un des bras du brancard repose sur l'épaule de Mathieu Bussaire, qui, comme les autres, s'avance avec recueillement et traverse les rues d'Antibes, jusqu'à la porte de France, en excitant de l'étonnement, mais sans dire un mot et en demeurant profondément sérieux.

Le respectable desservant de l'hôpital est bien obligé de parlementer un peu hors la ville ; mais, enfin, les environs des remparts sont franchis sans difficultés importantes.

Même la plupart des sentinelles et des éclaireurs de l'armée de blocus se découvrent et laissent le cortége funèbre s'engager sur les chemins de Rabiac et de l'Estagnon sans témoigner ni hostilité ni défiance ; toutefois, la partie masculine de ce cortége fronce assez durement le sourcil, à un certain quart-d'heure, en apercevant quelques soldats croates faire mine de vouloir s'ajouter comme appendice au convoi.

Mais ce n'est qu'une appréhension fausse ; ces soldats commencent à faire quelques centaines de pas mêlés avec les gens de la ville, ensuite ils ralentissent la marche et forment un tronçon largement séparé du milieu du convoi, puis ils restent tellement en retard, qu'on est en droit de les considérer comme abandonnant décidément leurs intentions primitives, ce qui fit comprimer un puissant soupir de joie dans la poitrine de plusieurs Antibois.

Enfin, le cortége atteint le premier terme de sa course, c'est-à-dire est arrivé devant la vieille bastide où Jérômette a transporté le cadavre de la mère Toulandre.

Les porteurs du brancard déposent leur fardeau juste en travers de la porte, comme s'ils voulaient empêcher l'entrée du desservant et de sa suite; par conséquent, eux seuls pénètrent dans la maison avec le cercueil.

Pendant ce temps-là, le vénérable ecclésiastique s'approche du père Toulandre, qui est abattu par la douleur; il lui prodigue les plus chrétiennes consolations.

Dans ce cercueil, assez vaste, s'en emboîtait un second, plus petit évidemment, que trois des porteurs enlèvent dextrement, bien que fort lourd, et ils le déposent, à l'intérieur, contre la porte de la bastide.

Le corps de la défunte est placé respectueusement dans la grande bière, puis cette même bière est glissée, par une fenêtre basse, dans le jardin existant derrière l'habitation.

Mathieu Bussaire passe à son tour hors de la bastide avec un des porteurs ; ils enlèvent le cercueil où dort du sommeil éternel la pauvre mère Toulandre, et ils le blottissent dans une sablière ouverte au fond du jardin.

Ceci est l'affaire d'un instant. Ils escaladent de nouveau la croisée et rejoignent le groupe au moment où le desservant dit la prière des morts sur l'autre cercueil.

Quelques secondes après, les soldats autrichiens restés en arrière arrivent devant la porte de la bastide et assistent au départ du cortége pour le cimetière.

Ce cimetière était situé dans la direction de Biot.

Cette fois encore, les Croates se mettent à la suite du convoi ; mais bientôt ils opèrent peu à peu leur retraite, jusqu'à ce qu'enfin les gens qui suivent sérieusement le convoi le perdent de vue avec soulagement.

Arrivé devant le modeste champ funéraire, le cercueil est transporté dans une petite chapelle presque en ruines, où de nouvelles prières sont dites, puis il est définitivement descendu dans la fosse.

Aussitôt après, tout le cortége, sauf cinq personnes, reprennent le chemin d'Antibes.

Il a à peine franchi un quart de lieue, que six hommes de ce cortége s'en détachent. Quatre s'enfoncent dans des broussailles dissimulant l'entrée d'un souterrain et deux prennent par les bois la direction de Biot.

— A la troisième détonation de mine, fut-il recommandé à ces derniers par l'un de ceux qui pénètrent dans la voie souterraine, faites bien attention d'éclairer le clocher d'une façon éblouissante.

— Soyez tranquilles, répondit l'un des deux hommes qui allaient à Biot ; ayez bien soin, vous autres, de vous garer des éclats ; il y a un vrai danger à rester dans les grottes quand on met le feu aux mines...

Une poignée de main bien ferme et une embrassade des plus solennelles furent échangées entre ces hommes, qui allèrent aussitôt occuper le poste désigné à leur bravoure.

A un certain point de la route, les enfants de chœur d'abord, ensuite les vieilles femmes, puis le desservant, qui conduisait le père Toulandre par le bras, s'aperçurent enfin de la disparition des six hommes, sans qu'ils pussent dire à quelle minute et à quel endroit le cortége s'était scindé.

La tête de ce cortége, un moment déconcertée par son isolement, finit par en prendre son parti et à marcher à pas rapides sur Antibes, avec la persuasion que les hommes avaient pris des sentiers détournés, qu'ils étaient en avant et que la jonction allait s'opérer au vallon de Laval, ce qui ne l'empêchait point, toutefois, de se retourner à chaque instant et de sonder tous les points de la campagne.

Revenons au cimetière voir ce qui s'y est passé.

Le cercueil avait été glissé dans une fosse creusée au-dessus d'une galerie.

Pour que les Antibois n'aient pas plus longtemps l'air de manquer de respect aux morts, expliquons encore que le cercueil renfermait, non point le corps de la mère Toulandre, mais vingt-cinq petits sacs de poudre de mines, avec des mèches et des outils à creuser.

Nos volontaires eurent même cette pensée, consolante pour leurs scrupules, que les prières dites sur le cercueil par le desservant porteraient

bonheur à la poudre qu'il renfermait, et consé-
quemment à leurs opérations.

Il avait suffi de tirer deux planches pour que
le cercueil glissât tranquillement dans le souterrain, où il fut reçu par ceux des Antibois qui l'y
avaient précédé en écartant les broussailles du
chemin.

Les cinq hommes restés au cimetière après le
départ du cortége passèrent bientôt par la même
ouverture où avait disparu la bière, et se trouvèrent ainsi réunis à leurs camarades.

Le fossoyeur, qui était, bien entendu, de con-
nivence avec le détachement, replaça les planches, recouvrit la fosse, remisa le brancard et
alla rejoindre les Antibois dans l'antique aqueduc
par l'entrée existant au milieu des broussailles.

Les soldats autrichiens, qui s'étaient déjà deux
fois montrés et qui pouvaient bien être une tren-
taine ensemble, se croisèrent avec le desservant
et sa suite regagnant Antibes ; ils remarquèrent
avec ébahissement l'absence de la partie masculine du convoi. Peut-être même ce peloton, sans
en avoir l'apparence, était-il chargé de la sur-
veillance des onze hommes commandés par Mathieu Bussaire ?

La troupe ennemie s'interrogea d'abord, puis elle se divisa en trois parties à peu près égales : l'une se dirigeant du coté de Biot, la seconde prenant les chemins de Grasse et la dernière revenant sur Antibes.

Il est certain qu'ils venaient de prendre la détermination de rechercher la trace de ces dix ou douze hommes dont la disparition avait été si soudaine.

Pendant qu'ils arpentaient la campagne, interrogeant les hautes herbes des champs, fouillant les buissons, plongeant le regard dans les ravins et les fourrés, les Antibois arrivaient par la voie souterraine, en grimpant, en sautant, en rampant même, juste sous les Roches-Grises, dans le voisinage des grottes occupées par les principaux officiers de l'armée de blocus.

Notre prochain chapitre vous apprendra ce qu'il advint de la présence de notre petite colonne expéditionnaire sous les collines profondément excavées du territoire de Biot.

XIII

LES ROCHES-GRISES

Nos volontaires passèrent la journée entière à travailler dans les sombres galeries souterraines des Roches-Grises.

Les uns creusèrent des mines et les remplirent de poudre ; d'autres, en faisant le guet, approvisionnèrent d'eau ces hommes ardents que la soif exténuait, mais qui n'avaient pas faim ; enfin, une partie du détachement tenait les lanternes sourdes à l'aide desquelles s'exécutaient les perforages.

Mathieu Bussaire dirigeait du geste plus qu'à voix basse ces mineurs intrépides qui obéissaient à ses ordres avec autant de déférence que de soumission aveugle.

Le fiancé de Jérômette avait réglé sa montre avec celles de Rostan et de Lavatelle avant de quitter Antibes, et à chaque instant il la consultait depuis que l'un des guetteurs était venu annoncer l'arrivée du crépuscule.

Michel Fouquesse, le fossoyeur, avait tenté au dehors d'assez lointaines explorations, muni d'une excellente lorgnette.

Grâce à sa connaissance parfaite des accidents de terrain et des excavations du territoire de Biot, il poussa l'audace de la curiosité jusqu'à quitter imprudemment le souterrain pour aller voir ce qui se passait en plein air dans les concavités des Roches-Grises.

Il revint sain et sauf et déclara que, sur tous les points, l'armée ennemie était en éveil et que de nombreuses patrouilles circulaient dans toutes les directions.

Ses investigations furent si heureuses qu'il affirma que la grotte servant de lieu de délibération à l'état-major autrichien était brillamment éclairée, bien que masquée par un épais rideau, et qu'elle regorgeait d'officiers dont le visage semblait inquiet et pensif.

Enfin, l'heure de mettre le feu aux mines sonna.

Il y en avait cinq dont les mèches n'en formaient réellement plus qu'une, tenue par Mathieu Bussaire.

Il s'agissait, à cet instant solennel et décisif, de savoir qui mettrait le feu à cette quintuple mèche et où se retireraient ces hommes épuisés qui venaient de préparer cet effroyable bouleversement de rochers gigantesques.

Les préparateurs de ce grand drame s'interrogèrent silencieusement du regard, puis le regard de tous s'arrêta fixément sur le jeune chef du détachement expéditionnaire.

— Mes amis, dit Mathieu doucement d'une voix grave, courez aux retraites que Michel vous a choisies et laissez-moi achever seul l'œuvre de justes représailles que nous avons commencée ensemble.

— Nous avons le même droit que toi à ce poste d'honneur! répondit avec fermeté l'un des compagnons de Bussaire.

— Je vous en supplie, fit un troisième, abandonnez-moi cette périlleuse mission. Aucune fiancée ne m'attend à la maison, moi! Ma pauvre mère est morte, et il me tarde d'aller la rejoindre!

Tout le monde fit valoir les considérations les plus puissantes pour mériter l'honneur mille fois mortel de mettre le feu aux mines.

— Pourquoi ne pas faire ici ce que nous avons

fait à Antibes? objecta l'un des volontaires du nom de Bourgarel.

— Ah ben! merci! riposta Mathieu, rien que pour prouver à fond notre inutilité, nous passerions ici la nuit... C'est à qui serait le moins attaché aux choses et aux êtres de ce monde... Je vous connais...

— Nous te connaissons bien aussi, va! riposta Bourgarel...

— Toute réflexion faite, dit Michel, il vaut mieux le hasard du tirage, comme hier au soir...

— J'accepte, et faites tous comme moi, dit Mathieu, puisque vous ne voulez pas me donner la *charge*....

— A la bonne heure! te revoilà Français, plaisantant avec le danger, riposta le jovial fossoyeur.

— Allons, approchez les lanternes, commanda le porte-drapeau de la milice antiboise, je vais écrire les noms...

Cette opération dura cinq minutes.. Un brin de papier fut tiré d'un trou de roche faisant office d'urne : il portait le nom de Mathieu.

Celui-ci aussitôt sauta au cou de son plus proche voisin...

— Voyons donc si tu ne nous aurais pas fait

quelque malin tour, dit Michel Fouquesse en prenant un nouveau bulletin dans le trou... Tiens! encore Bussaire!... Ah! mon gaillard, tu voulais nous confisquer subrepticement nos droits!... Bussaire!... Bussaire!... Bussaire!... continua à lire Michel sur les bulletins au fur et à mesure qu'il les tirait...

— Vrai, Mathieu! s'exclama Bourgarel, je ne comprends pas ton envie de courir à la mort... Tu n'aimes donc pas? Tu as donc des chagrins?

-- Moi, ne pas chérir Jérômette! moi douter d'elle! mais c'est justement parce que patrie et fiancée ne font qu'un dans mon âme que je veux rester le dernier ici... Arrangez-vous par le tirage entre vous. Quant à moi, je me considère en ces lieux comme le capitaine sur un navire, qui sombre : je n'en dois partir que le dernier...

— Après tout, tu as raison, répliqua le plus vieux des Antibois; les chefs doivent prêcher d'exemple... Seulement, l'un de nous va rester avec toi, et il sera désigné par un tirage plus régulier que celui à l'aide duquel tu voulais nous abuser tout à l'heure...

Des morceaux de papier furent de nouveau déchirés et griffonnés.

Sur le premier bulletin qui fut extrait d'un chapeau par le doyen de la compagnie se trouvait le nom de Bourgarel.

L'opération, cette fois, ne souleva plus aucune opposition.

Bourgarel et Bussaire s'étreignirent l'un et l'autre, pendant que chacun de leurs compagnons attendaient leur tour pour leur donner une embrassade vraiment affectueuse et solennelle.

Il y eut alors une scène palpitante : c'était Mathieu envoyant, comme s'il devait mourir, un suprême et brûlant adieu d'amour à Jérômette ; c'était Bourgarel chargeant un de ses compagnons d'embrasser sa femme et son enfant et de veiller sur eux en cas de malheur.

Avant de se séparer, tous se mirent à genoux, prièrent ensemble et se détachèrent difficilement les uns des bras des autres...

Enfin, les deux hommes désignés pour rester se trouvèrent seuls dans les profondeurs où les cinq mines attendaient leur explosion.

Les compagnons de ces deux hommes s'étaient éloignés et avaient pris possession des refuges que Michel leur avait indiqués...

Ils s'y installèrent le cœur plein d'émotions tumultueuses...

Après la sueur du travail vint à leurs tempes la sueur que donne une anxiété surabondamment justifiée par de lugubres et terribles appréhensions.

Aucun d'eux n'osait adresser la plus brève des paroles à son voisin...

La respiration leur manquait à tous tant les angoisses émotionnaient tous leurs organes.

Bourgarel et Bussaire s'embrassèrent encore une fois, puis ce dernier alluma les cinq mèches...

La flamme dessina d'abord cinq traits de feu, puis il n'y en eut plus que trois.

Bourgarel se précipita sur les deux mèches éventées et les ralluma, et bientôt les cinq flammes dévorèrent rapidement l'espace qui les séparait de l'orifice des mines...

C'est à ce moment que les deux hommes s'enfoncèrent en courant dans les passages où leurs compagnons s'étaient réfugiés...

Dans sa précipitation, Bourgarel tomba...

Bussaire s'élança pour le relever ; mais à peine étaient-ils l'un et l'autre debout qu'un cataclysme effroyable révolutionna les Roches-Grises...

Des blocs énormes volèrent en éclats dans les airs avec des créatures humaines...

Les galeries sous lesquelles erraient tout à l'heure les Antibois furent mises à découvert par un coup de foudre, et cette mitraille de granit allait écraser sous leurs abris les bataillons autrichiens.

Une grande partie de l'état-major de l'ennemi avait été pulvérisée comme une de ces globules de verre qui éclatent dans les doigts lorsqu'on les serre ..

Quant à Mathieu et à Bourgarel, ils trouvèrent une mort glorieuse dans ce simulacre de jugement dernier que les Antibois voulurent donner à l'armée autrichienne...

Ils furent écrasés au moment où l'héroïque Mathieu venait de relever son brave ami Bourgarel.

Le corps du jeune porte-drapeau était déjà broyé que sa main droite, semblable à un tronçon de serpent, saisissait convulsivement un morceau de pierre et traçait sur la face d'un rocher quelque chose qui signifiait : JÉROMETTE !

En ce moment, le clocher de Biot apparut constellé d'éclatantes clartés et l'on entendit du

côté d'Antibes une tempête de clameurs se mêlant aux bruits des tambours, au fracas de la
fusillade et de l'artillerie !

XIV

L'ALARME GÉNÉRALE

Au signal parti de Biot, un autre répondit à Notre-Dame.

Mais avant de retracer ce que ces deux signaux produisirent d'événements dans Antibes, voyons ce qui s'y passait pendant que le corps expéditionnaire des Roches-Grises accomplissait sa mission héroïque.

Jacques Latavelle était demeuré assez tard à la résidence du général Chiavari; mais son ami Rostan avait, toute la journée, largement circulé dans les rues pour tous deux, sans rien laisser entrevoir de sa préoccupation à personne.

Comme à l'ordinaire, il fit faire l'exercice à ses pelotons de miliciens; il visita les postes, releva les factionnaires et exprima maintes fois son contentement extrême de l'ordre et de la tenue qu'il observa partout.

Enfin, la ville, quoique abandonnée à ses propres forces, s'était endormie dans une véritable sécurité.

Neuf heures sonnèrent.

Rostan recommença une nouvelle ronde, mais il y apporta cette fois encore beaucoup plus de vigilance que de coutume, prêtant l'oreille au moindre bruit, interrogeant sans cesse l'horizon dans la direction de Biot et de Notre-Dame, analysant tout ce qui lui semblait suspect.

Sa conduite, moitié tactique, moitié prudence, avait principalement pour mobile d'aiguillonner la bravoure des hommes qui marchaient en patrouille derrière lui, en même temps qu'elle tenait en éveil ceux qu'il passait en revue sur tous les points de la ville.

Bientôt Jacques Latavelle se mit en campagne à son tour.

Tout infirme qu'il était, il voulut inspecter à sa façon la population qui veillait en armes.

A cet effet, il quitta discrètement le quartier-général et se mit en marche, accompagné de deux hommes, dont un fut placé dans les dépendances de ce qu'on nomme encore le Petit-Cavalier et qui forme comme un chemin couvert.

Quelle était la mission de cette mystérieuse sentinelle ?

En attendant des éclaircissements, nous pouvons toujours déclarer qu'elle venait d'être désignée par le sort pour remplir une consigne jugée périlleuse au premier chef.

Justement à cause de cela, la *bonne fortune* de cette sentinelle avait encore suscité de la jalousie parmi beaucoup de monde.

Une fois cette sentinelle postée, Rostàn et son dernier compagnon poursuivirent leur ronde dans une direction opposée à celle qu'avait prise Rostan avec ses hommes.

Tandis qu'avaient lieu ces allées et venues et que se prenaient ces précautions toutes militaires, Jérômette priait depuis longtemps dans la chapelle de l'hôpital pour son brave fiancé.

La chrétienne fille avait pleine confiance en sa ferveur.

Malgré cela, elle n'en alla pas moins différentes fois heurter à la porte de Michel Fouquesse avec l'espoir de recueillir quelques nouvelles de la petite colonne expéditionnaire, après quoi, de plus en plus déçue, elle revenait à sa stalle de sapin avec des prières de plus en plus ardentes.

12

Enfin, l'heure de fermer les portes de la chapelle arriva.

Jérômette embrassa la supérieure en lui réclamant la faveur de venir passer la nuit auprès d'elle, à son retour d'une dernière course d'informations jusqu'au lieu où elle comptait rencontrer son frère Jacques.

Sa demande fut bien accucillie et aussitôt elle se dirigea, avec deux autres personnes, du côté de la place du Marché.

A leur arrivée en cet endroit, une fusillade formidable ébranla toutes les croisées de la ville.

Voici l'explication du fait :

En poursuivant son interminable ronde nocturne, Rostan avait aperçu, à la lueur de son falot, une tête d'homme derrière la vedette du Petit-Cavalier.

— Qui vive ? fit-il aussitôt.

Silence complet.

— Qui vive ? accentua plus fort le sergent.

Pas davantage de réponse.

— Qui vive ? cria encore le vieux soldat d'une voix aussi énergique que menaçante.

La sentinelle qui, sans doute, crut que ces sommations s'adressaient à tout autre qu'à elle, resta malheureusement muette à la troisième comme à la première injonction.

Rostan fit feu.

Au même instant, comme par l'effet d'une commotion électrique, ce ne fut plus qu'une détonation continue autour de l'enceinte fortifiée.

Les sentinelles déchargèrent leurs armes sur un ennemi invisible.

Le signal donné de Biot et répété à Notre-Dame coïncida justement avec toutes ces décharges furibondes.

Aussitôt l'alarme fut donnée.

On crut à une irruption des Autrichiens dans la ville.

Les cloches sonnèrent le tocsin; les tambours battirent la générale.

Des cris confus se firent entendre sur tous les points.

Une nuit obscure ajoutait encore au désordre et au tumulte qui grossissaient de moment en moment.

Les uns couraient sur les remparts et y prenaient leur place de combat.

D'autres descendaient effarés dans les rues et les parcouraient comme des hallucinés.

Les artilleurs firent rouler leurs canons sur les affûts.

Puis c'étaient des cris de vieilles femmes, des pleurs d'enfants se mêlant aux lamentations de quelques épouses.

Ici on se serrait la main et on s'embrassait ; là on se questionnait du regard, du geste, de la voix, pour savoir où était un ennemi introuvable.

Ailleurs, c'était une mariée en lune de miel qui s'attachait aux vêtements d'un époux bien-aimé ; puis une jeune femme qui, dans sa précipitation et sa folle terreur, courait sans s'apercevoir qu'elle avait négligé d'achever les parties essentielles de sa toilette ; puis encore une mère éplorée suivant son tendre fils pour lui faire un rempart de son corps.

Enfin, un peu partout, de belles jeunes filles accompagnaient les rares fiancés que la guerre avait laissés dans Antibes.

Il y eut un moment d'effroyable panique chez les femmes, les enfants et les vieillards.

Les hommes en armes ne savaient plus quelle direction prendre, soit pour combattre, soit pour se mettre en sûreté.

Le cri : *Aux armes!* dominait celui des cloches et des tambours.

L'enthousiasme de la défense, bien plus que le sentiment de la peur, avait mis les armes dans les mains de cette population.

Les enfants eux-mêmes, soit par esprit guerrier, soit par imitation, furetaient partout et s'armaient de toutes choses.

La lueur des torches et des flambeaux éclairaient une forêt de piques et de faulx, de sabres et de fusils, de fourches et de gourdins, que chacun brandissait avec vigueur et frénésie.

Que d'armes, depuis longtemps enfouies, virent le *jour* cette *nuit*-là !...

L'exhibition que l'on en fit eût fait reculer d'étonnement les plus intrépides collectionneurs.

Il n'avait fallu que quelques minutes à ces combattants improvisés pour inonder les rues et garnir quelques remparts.

Comme dans toutes les circonstances graves et dramatiques de la vie, les qualités de la femme se manifestèrent.

Les unes encourageaient les plus vaillants de la voix et par leur exemple ; d'autres, se réservant le rôle de sœurs de charité, étaient accourues avec du linge, de l'eau-de-vie et tout ce qu'il fallait pour réconforter et panser les blessés.

La fusillade retentissait au loin ; le tumulte, la confusion, le bruit, allaient croissant de plus en plus, quand tout-à-coup le général Chiavari fit son apparition.

Il portait son grand uniforme.

On s'empressa autour du chef supérieur ; chacun voulut le voir, l'entendre, lui demander où était l'ennemi, afin de courir sus à lui, lorsque, dominant la foule par sa taille et imposant, par sa calme attitude, le silence autour de lui, il prononça solennellement ces simples paroles :

— Braves Antibois, à moi !... Soyez sans crainte : l'ennemi ne nous attaquera pas...Votre courage me répond de votre sécurité. J'espère bien, demain, vous annoncer la levée du blocus.

— Qui se prépare déjà! ajouta Michel Fouquesse, surgissant tout-à-coup de la foule armée.

Il avait les vêtements en lambeaux et le visage ruisselant.

— Quoi! tu arrives des Roches-Grises ? lui dit Chiavari avec anxiété.

— Oui, mon général; un peu endommagé,

mais ce n'est rien. Je voudrais bien sur-le-champ
avoir avec vous un entretien... J'ai des choses
bien intéressantes et bien graves à vous confier.

— Vas-t-en ici en face, où tu pourras étan-
cher ta soif et ta sueur. Je te rejoins aussitôt.

Sur l'invitation de Chiavari, les habitants ren-
trèrent au logis, tâchant, mais en vain, de re-
gagner une partie du sommeil qu'ils avaient
perdue.

Plusieurs se précipitèrent sur les pas de Michel
Fouquesse pour avoir des nouvelles et de celui-
ci, et de celui-là, qui faisaient partie de la colonne expéditionnaire ; mais le fossoyeur se
renferma dans la plus obstinée discrétion, pré-
textant de son extrême fatigue et renvoyant les
questionneurs au lendemain.

XV

LA LEVÉE DU BLOCUS

Au point du jour, le lendemain de l'explosion des Roches-Grises, ou — pour être plus véridique — de la fausse alerte d'Antibes, une partie de la population en s'éveillant et l'autre en sortant de ses insomnies, apprirent le résultat, à la fois douloureux et satisfaisant, de la campagne du petit détachement expéditionnaire.

L'armée de blocus, attérée par l'épouvantable désastre qui venait de décimer tant d'hommes dans ses rangs, s'était, presque entière, repliée en désarroi du côté du Var.

Michel Fouquesse et ses compagnons furent naturellement tentés d'opérer l'enlèvement des dépouilles, trois fois sacrées pour eux, de Mathieu Bussaire et de Bourgarel ; mais se trouvant aussitôt enveloppés par un nombre considérable de soldats autrichiens, ils durent abandonner leur dessein.

Sous la conduite du fossoyeur, l'indigène qui connaissait le mieux les voies et les retraites souterraines du territoire, ils parvinrent à échapper à toutes représailles.

Après s'être approvisionnés de vivres dans la bastide d'un de leurs amis, ils se réfugièrent au sommet de l'une des plus hautes collines de la contrée, du côté de la Constance ou de Beauvert, dans une sorte de nid d'aigle d'où ils pouvaient jouir en pleine sécurité de la chasse désespérée dont ils étaient le prix.

Ils se promirent de revenir, dans la journée même, relever le corps de leurs compagnons morts si bravement.

Bientôt les Autrichiens se lassèrent.

Aussi ne se firent-ils pas avertir deux fois pour rejoindre le gros du corps d'armée.

Aux premières fanfares de ralliement qui résonnèrent dans la campagne, ils retrouvèrent une ardeur incroyable pour rallier le drapeau.

Lorsqu'il fut bien démontré aux Antibois que le champ s'offrait à peu près libre devant eux du côté de leurs foyers, ils abandonnèrent le refuge qui leur avait servi tout à la fois de retranchement et de poste d'observation.

13

Michel Fouquesse marcha en avant.

Tantôt il collait son oreille à terre pour se rendre compte des bruissements nocturnes, tantôt il escaladait un tertre pour sonder la profondeur des chemins.

Bref, il ramena sains et saufs ses vaillants compagnons jusqu'aux propriétés de l'Estagnon.

Dans le voisinage d'une maison que nous connaissons déjà, celle du père Toulandre, quelque chose d'inquiétant arrêta court les neuf Antibois : c'étaient des chuchottements à peine perceptibles, et puis de légers foulements du sol causé par les évolutions de quelques hommes qui, certainement, prenaient toutes sortes de précautions pour n'être point entendus ni découverts.

Michel Fouquesse ordonna une halte, désigna une cachette à chacun et s'avança du côté de la bastide du père Toulandre avec cette finesse et cette prudence si familières aux sauvages du Nouveau-Monde.

On lui avait révélé tous les détails du drame de l'Estagnon, dans lequel Jérômette avait joué un rôle si admirable, de sorte que la présence du prisonnier autrichien dans la cave du père Toulandre lui était connue.

En glissant comme un reptile entre les herbes d'un sentier tracé sur l'arête d'une colline à versants rapides, il aperçut, enfin, un certain nombre de soldats autrichiens, qui, évidemment, tentaient la délivrance du prisonnier fait par Jérômette.

Munis d'un falot, quelques-uns de ces hommes cherchaient à définir un bruit qui arrivait très-vaguement à leurs oreilles, probablement les cris de détresse du brigadier autrichien ; — d'autres exploraient les vieilles masures groupées autour de celle du père Toulandre.

Un sous-officier secouait la porte et les volets de cette dernière demeure, mais ne pouvait réussir à s'y livrer passage, tant Jérômette en avait bien muré les croisées et solidement fermé l'entrée.

Pendant quelques minutes, Michel vit cette poignée d'hommes se concentrer devant le gîte en question, ayant l'air de vouloir seconder celui de leurs camarades qui cherchait à en violer l'intérieur.

Alors, Michel Fouquesse put les compter : ils étaient sept.

Voici ce que le fossoyeur supposa d'eux, supposition ratifiée bientôt par les événements :

Ces soldats appartenaient à une compagnie dont les sous-officiers étaient des camarades d'enfance du prisonnier.

L'un d'eux avait aperçu, l'avant-veille, le brigadier s'arrêter dans ces parages et, depuis lors, personne ne l'avait plus revu, de sorte qu'on induisait de cette disparition qu'il devait être ou tué ou prisonnier.

En conséquence, les investigations dans les bastides n'avaient d'autre but que de le découvrir ou de le sauver.

Le sous-officier, pour entreprendre sa tâche, avait eu toutes les peines du monde à grouper quelques soldats autour de lui, lesquels n'agissaient que contraints et avec une grande mollesse.

Leur éloignement du corps d'armée, l'obscurité, les pas qu'ils venaient d'entendre, n'étaient pas choses de nature à décupler leur courage. Aussi quelques-uns faisaient-ils mine de quitter la partie en prêchant l'abandon des recherches.

Rien de tout cela n'échappa à Michel Fouquesse.

Afin d'être plus à l'aise pour frapper, franchir

les murs, ouvrir les haies, plusieurs de ces soldats déposèrent leurs armes.

C'est après avoir deviné et étudié les mouvements et les impressions de ce petit groupe que Michel Fouquesse proposa de se jeter sur lui, de s'emparer de ses armes et de le faire prisonnier.

Bien qu'affaiblis par les fatigues et leurs émotions récentes, les Antibois accueillirent cette motion avec un muet enthousiasme.

Les regards s'enflammèrent!

Les poignées de mains vigoureuses et furtives, les embrassades chaleureuses et cordiales remplacèrent les belliqueuses exclamations!

Les huit compagnons attendirent avec une impatience fiévreuse le signal de l'attaque, que devait donner l'habile et courageux successeur de Mathieu Bussaire.

Michel Fouquesse, prenant la tête du peloton, se précipita parmi les Autrichiens avec une fougue, avec une audace qui tenaient de la rage, de la folie et du prodige!

Il fut suivi avec non moins d'intrépidité par ses camarades.

Un effroyable carnage vint encore épouvanter

cet endroit déjà attristé par de lugubres souvenirs.

Trop rapprochés de leurs ennemis pour char-
ger et décharger les armes à feu qu'ils venaient
de leur enlever en un clin-d'œil, les Antibois se
battirent corps à corps et firent une horrible
besogne avec les crosses de fusil et les sabres
conquis.

Plusieurs d'entre eux en furent quittes pour
quelques blessures sans gravité ; mais un Autrichien succomba dans cette lutte foudroyante,
et deux autres furent mis hors de combat dans
un état pitoyable.

Parmi ces derniers se trouvait le sous-officier.

Michel Fouquesse ouvrit une bastide dont il
connaissait les êtres et les ressources, y installa
les blessés, et les pansa silencieusement.

Du reste, il lui eût été bien difficile de se faire
comprendre, les vaincus ne parlant français ni
les uns ni les autres.

Michel Fouquesse laissa auprès d'eux l'un de
ces hommes bien plus comme infirmier que
comme gardien, et revint après au groupe principal.

Il fit enlever aux soldats autrichiens tout ce

qui était armement et munitions, en opéra ensuite
la répartition entre ses hommes et fit diriger les
prisonniers sur La Badine, ne conservant avec
lui que deux des volontaires antibois.

Après avoir déposé sous un hangar le corps
du soldat autrichien qui avait péri dans la ba-
garre, Michel s'empara d'une échelle et revint
avec ses deux compagnons à la bastide du père
Toulandre.

Cette échelle leur servit à pénétrer par la
croisée ouverte, presque à fleur des toits, sur le
derrière de la maison.

Une fois dans l'intérieur, les Antibois se mirent
à l'œuvre pour tirer le brigadier de sa prison.

Contrairement aux prévisions de nos trois volontaires, le brigadier surgit de son tombeau sans
frapper les yeux par les traces des souffrances
physiques et des tortures morales qu'il avait nécessairement endurées.

Ils s'attendaient à le voir sortir de là avec des
cheveux blancs, le visage blême, les jambes
défaillantes...

Eh bien ! non, il n'avait rien de tout cela. Du
désordre dans le costume, un peu d'abattement
dans le regard, les lèvres légèrement violacées :

voilà ce qui était visible ; mais, d'apparence, il n'avait pas l'air d'avoir beaucoup pâti.

Michel lui envoya chercher du pain, un peu de bonne chère et du vin dans la bastide où étaient les blessés.

— Il paraît que, décidément, l'ennemi a repassé le Var, dit le commissionnaire en rapportant des provisions... C'est ce que vient de m'affirmer le curé de Roquefort, qui va à Antibes tranquillement.

Le brigadier sursauta.

— Vous comprenez donc le français ? fit Michel Fouquesse en servant le prisonnier.

— Mais, oui, un peu, juste assez pour vous dire qu'il est inutile de me faire languir et agoniser longtemps, répondit l'Autrichien en attaquant la petite collation. J'ai pris le parti de la fin qui m'est réservée. J'attends l'oraison funèbre de vos canons de fusil sans effroi.

Les Antibois se regardèrent avec stupéfaction.

— Mon langage vous surprend, n'est-ce pas ? Je le remarque, continua le brigadier. Vous seriez bien davantage étonnés si je vous disais que j'ai plus peur de ma conscience que de vous !...

C'est pourtant là ce qui m'arrive. Je ne puis plus fouiller mes souvenirs sans horreur et dégoût de moi-même. Voilà ce que m'ont valu les soixante heures passées dans ce caveau. La lumière du ciel me manquant, c'est celle de ma conscience qui s'est chargée de m'éclairer. Donc, après tout, il me sera très-agréable d'être délivré de retours sur un passé qui m'indigne... A mon trépas prochain ! fit-il en élevant sa tasse... Maintenant, en route quand il vous plaira !

La quiétude et la philosophie de ce soudard donnèrent des ébaubissements aux héros de la journée.

La porte de la bastide fut ouverte.

Le brigadier, flanqué des deux Antibois armés, et suivi de Michel Fouquesse tenant le sabre en main, se laissa très-docilement conduire à La Badine.

Dès qu'il fut mis dans l'impossibilité de s'évader, Michel Fouquesse — laissant néanmoins le prisonnier sous la garde de ses deux compagnons — rentra seul à Antibes.

Nous avons vu, dans le précédent chapitre, comment il y fit son apparition.

14

Inutile d'ajouter que ce qu'il raconta au général Chiavari fut justement le récit que nous venons de faire.

XVI

JÉROMETTE LATAVELLE.

Le lendemain de la capture des Autrichiens, couronnant le coup de main si glorieux de Michel Fouquesse, une phalange d'Antibois se porta aux Roches-Grises pour procéder à la levée des corps de Mathieu Bussaire et de Bourgarel.

Cette phalange trouva la route et le territoire libres partout.

On fit d'éclatantes funérailles à ces deux braves enfants de la vieille Antipolis.

Mathieu Bussaire était la joie, l'espoir et la consolation d'un capitaine de navire sexagénaire, qui mourut de chagrin trois heures après l'arrivée de la nouvelle du trépas exemplaire de son cher fils.

On l'enterra entre Mathieu et Bourgarel.

Quant à la veuve et aux enfants de ce dernier,

la générosité antiboise et le patriotisme de tout
le monde les mit spontanément au-dessus des
soucis de l'existence pour le restant de leurs
jours.

Le vieux marin légua sa fortune, doublée de
celle de Mathieu, à Jérômette Latavelle, qu'il
avait en grande admiration et en profonde estime.

Mais que devint la noble et touchante Jérômette, à la suite du malheur qui venait de briser
ses plus riantes espérances ?

Hélas! rien n'était plus poignant que la douleur de la pauvre fille !

Depuis l'instant où elle apprit la fin héroïque
de son fiancé, jusqu'au soir du jour où il fut porté
au lieu de repos éternel, Jérômette ne put arti-
culer une parole.

Le désespoir la rendit comme muette.

Elle suivit le convoi, appuyée sur le bras de
son frère, tenant ses beaux grands yeux pleins
d'abondantes larmes fixés sur le cercueil, mar-
chant à la façon d'une somnambule, s'abandonnant à sa douleur au point de ne pas s'apercevoir
que sa chevelure superbe flottait éparse sur sa
pèlerine noire dénouée.

La pauvre enfant s'agenouilla devant la fosse,

y pleura longtemps le front dans les mains, sans ostentation, ne déchirant les oreilles de personne par l'explosion de ses sanglots ; mais donnant le spectacle d'une douleur sincère, navrante, indescriptible !

Jérômette résista par la dignité, par la grandeur de son désespoir, par la poésie de ses larmes, à tous les avis, à toutes les sollicitations, à toutes les prières, à toutes ies consolations !

Elle voulut comme s'engloutir dans son chagrin et son deuil, et elle s'y plongea tout entière d'esprit, d'âme et de cœur !

Quand le cercueil renfermant la dépouille mortelle de son bien-aimé eut disparu sous les premières pelletées de terre, jetées par les compagnons de Mathieu aux Roches-Grises, Jérômette se releva, entraîna pour ainsi dire son frère jusqu'à l'hôpital, et là demanda à reprendre pour toujours les saints vêtements et le nom de sœur Miséricorde, auxquels elle avait déjà fait tant d'honneur.

Elle embrassa Jacques Latavelle, qui était en alarmes de voir sa sœur aussi accablée et aussi détachée des choses de ce monde.

Il essaya un moment de la ramener sous le

toit de famille; il supplia maintes fois la pauvre
éplorée; mais, sans proférer un mot, Jérômette
demeura inflexible.

Bientôt elle prit définitivement le voile.

Ce jour-là, elle pria la supérieure de faire appeler à l'hôpital son frère, le curé de la paroisse,
le chef de la municipalité, le général Chiavari et
le notaire chargé du testament du capitaine Bussaire.

Devant cette réunion de gens dont elle était
grandement affectionnée, elle déclara solennellement son intention de fonder un asile hospi-
talier, avec le produit de l'héritage qui venait
de lui échoir.

Non-seulement elle prescrit la destination de
ce refuge, qui devait être accessible aux pauvres
de la campagne, avec une importante pharmacie
et plusieurs médecins pour les malades à domicile; mais elle baptisa même sa fondation, à qui
elle décerna le nom d'Asile Saint-Mathieu, en mémoire de celui qu'elle regrettait si profondément.

Comme on le pense bien, il n'y eut aucune opposition à un vœu aussi charitable, aussi évangélique.

Sa réalisation fut un des actes les plus rapides de l'administration.

Loin de s'opposer à ce projet par sentiment de cupidité, Jacques Latavelle, au contraire, l'approuva avec la plus émouvante éloquence et la plus vive sympathie, pleurant de bonheur à la sublime pensée éclose si merveilleusement dans l'âme désolée de sa sœur.

Au moment où Jérômette finissait de dicter ses volontés généreuses, Michel Fouquesse fit son entrée dans la salle et se pencha à l'oreille de Chiavari pour lui dire :

— Général, la commission militaire est réunie à La Pagane pour juger l'Autrichien... On n'attend plus que vous et Jacques...

— C'est bien... Vas annoncer à la commission que nous serons au milieu d'elle dans un instant.

XVII

CONCLUSION.

En pénétrant dans l'une des salles basses de La Pagane, Jacques Latavelle aperçut l'Autrichien assis entre deux Antibois armés.

Le brigadier avait la physionomie sereine, l'attitude tranquille, le regard calme.

Lorsqu'il vit entrer l'invalide, il se leva et salua militairement.

Jacques Latavelle ne parut pas d'abord vouloir tenir compte de cette marque de déférence, l'envisageant comme un commencement d'appel à sa commisération.

Il tenta même de s'élancer sur le prisonnier, comme pour assouvir les sentiments d'excusable vengeance dont son cœur était imprégné depuis si longtemps.

Rostan arrêta Jacques et le fit asseoir, —

avec beaucoup de difficultés, toutefois, — à l'opposé de l'Autrichien, à gauche de la table autour
de laquelle allait délibérer la commission militaire.

Plusieurs campagnards commencèrent par
signaler maints et maints actes de déprédation et
de violence, dont s'étaient rendus coupables les
hommes appartenant au détachement commandé
par le brigadier.

Une mère vint ensuite révéler, avec des détails pleins d'horreur, l'assassinat de son fils, qui
s'était opposé à la violation du foyer domestique.

L'Autrichien, qui avait commencé par accepter toutes les charges que l'accusation faisait
peser sur lui, et que, du reste, l'ensemble des
témoignages confirmait, sollicita la parole, et,
l'ayant obtenue, réclama l'attention de la commission militaire, pour lui fournir des détails
destinés à circonscrire les débats et à jeter sur
eux la plus éclatante lumière.

— Messieurs, dit-il, je crois comprendre ce
qui se passe ici... Vos interrogatoires ont pour
but d'établir clairement quelle a été ma conduite en ce pays... Vous tenez surtout à ce
que la vérité, dépouillée de tout ressentiment

et de toute passion, luise à vos yeux, rassure vos consciences et inspire votre arrêt... Eh bien ! souffrez que je vous dise que, s'il est une peine capitale pour les actes qui m'amènent devant vous, actes que j'avoue, elle se justifiera pleinement par des faits ignorés du tribunal et dont il voudra bien m'épargner la confession... Prononcez donc votre sentence sur cette déclaration de ma part: « Moi, Gaspard Sulbiéker, sain d'esprit, mais l'âme déchirée par le remords, le cœur touché par le plus profond repentir, je me reconnais coupable des faits énoncés devant vous et regarde la mort comme une juste expiation de mes fatales erreurs. »

Après avoir entendu cette allocution, prononcée d'une voix vibrante et ferme, la commission militaire s'interrogea avec un étonnement indicible.

Son embarras devenait extrême...

Jamais, certainement, circonstance pareille ne s'était présentée devant une juridiction militaire.

Jacques Latavelle, dont le tour de témoignage était arrivé, se sentit comme atteint d'un accès de paralysie après la déclaration du brigadier.

C'était pourtant sa sœur qui avait ainsi transfiguré le soudard autrichien.

La beauté, la noblesse, la grâce, l'air résolu de Jérômette avaient seuls accompli ce prodige.

L'auditoire ne fut pas moins stupéfait que la commission militaire.

Le nom de Jérômette circulait de bouche en bouche, comme celui d'une sainte fille gratifiée par le ciel du don des miracles.

L'avocat donné d'office à Gaspard Sulbiëker voulut prendre texte de la déclaration de son client, afin de prouver l'insanité de son intelligence et l'inconscience évidente qui avait dû marquer chacune des actions odieuses acquises aux débats; mais les protestations du prévenu imposèrent bien vite silence au défenseur mal inspiré.

L'audience fut levée, et le brigadier reconduit dans la pièce qui, à La Pagane, lui avait, jusqu'alors, servi de prison.

Après trois heures d'embarrassantes et profondes délibérations, à huis-clos, Gaspard Sulbiëker fut ramené devant ses juges.

Il entendit, avec le sourire aux lèvres et les yeux tout brillants de joie, la sentence qui le condamnait à être fusillé dans les vingt-quatre heures.

Une chose qui fut remarquée par beaucoup de gens, c'est que l'attitude des juges, en ce moment terrible et solennel, ne s'accordait guère avec l'arrêt qu'ils venaient de rendre.

Il y avait dans leur physionomie, non-seulement absence d'émotion pénible, mais on y aurait plutôt découvert une teinte de satisfaction et de mystère que de la tristesse et de l'austérité.

Les autres prisonniers faits à l'Estagnon, devant la maison du père Toulandre, lesquels avaient été déposés à La Badine, comme on sait, furent, aussitôt après cet arrêt, traduits à leur tour devant la commission, qui les frappa, comme pillards, d'internement provisoire dans l'île Sainte-Marguerite.

Plus tard, lorsque l'armée d'invasion eût complétement évacué le territoire français, on voulut rapatrier ces hommes; mais un seul d'entre eux profita de ce rapatriement; les autres s'embarquèrent à Marseille pour l'Espagne.

Un aumônier fut introduit auprès du condamné.

Gaspard Sulbiëker l'accueillit avec transport.

Ils passèrent ensemble la nuit tout entière, la première moitié consacrée à la prière, l'autre au sommeil ; car l'Autrichien, déjà insensible et résigné avant les consolations de la religion, s'était, après, encore fortifié dans son mépris de l'existence et dans son calme surprenant en face de la mort.

Au réveil, Gaspard Sulbiëker demanda à genoux une grâce au digne prêtre qui l'avait assisté.

— Mon père, lui dit-il, un ange a fait pénétrer dans mon cœur des sentiments d'humanité et d'amour qui lui étaient inconnus... Je dois à Mlle Jérômette, à cette dispensatrice de la grâce divine, la sérénité d'âme et la douce quiétude de mon esprit à cette heure suprême... Son visage adorable, toujours présent à ma mémoire, sera, jusqu'à mon dernier soupir, la seule image sainte et sacrée devant laquelle je demanderai pardon à Dieu de mes infamies... Mais combien je mourrais plus chrétiennement encore si je pouvais la revoir une dernière fois, de loin seulement... Faites auprès de cette jeune fille une démarche pour moi... Déterminez-la à m'apparaître comme une vision céleste, là au fond de

cette allée, lorsque je marcherai à la mort...
Oh ! je vous en prie, tentez cela pour moi !...
Portez en même temps à son frère l'expression
de mes regrets poignants et de l'horreur que je
ressens pour le mal dont il a souffert par moi...
Allez, allez, mon père !... Jamais dans l'exercice
de votre saint ministère vous ne ramènerez dans
les voies du bien une âme plus repentante, plus
consolée et plus améliorée que la mienne !

L'aumônier partit en laissant un espoir au
condamné.

A neuf heures du matin, un peloton de vieux
soldats antibois, bien armés, stationnaient sur
deux rangs devant la porte de La Pagane.

Le chef de ce peloton voulut faire bander les
yeux et attacher les mains de Gaspard Sulbiëker;
mais celui-ci supplia tant et si bien, pour qu'à
son égard il fut dérogé à d'aussi sinistres apprêts, qu'on passa outre.

Il descendit d'un pas ferme, du côté d'Antibes,
jusqu'à l'olivier près duquel devait s'exécuter la
sentence.

L'aumônier marchait à ses côtés.

Il lui avait dit :

— Elle viendra !

Déjà le chef du peloton donnait du regard des ordres à ses hommes; — déjà aussi Gaspard Sulbiëker s'agenouillait pour attendre bravement la mort, les mains libres et le regard préoccupé, lorsque Jérômette surgit à vingt pas devant lui, au bout d'un sentier.

Elle était en costume de sœur hospitalière.

La supérieure l'avait accompagnée dans cette sorte de pèlerinage dont le mobile, pour sœur Miséricorde, était d'adoucir la dernière minute d'un homme naguère féroce, et devenu, non-seulement un être humain et intéressant, mais encore un chrétien largement accessible au repentir.

Gaspard Sulbiëker envoya à Jérômette baisers sur baisers.

Bientôt les deux sœurs hospitalières disparurent.

Au premier commandement du chef de peloton, le condamné embrassa l'aumônier et lui serra les mains, puis il attendit la mort, les bras croisés sur la poitrine.

Ses paupières ne s'abaissèrent que lorsque le chef cria :

— En joue, feu !

Le mouvement du peloton fut régulièrement exécuté; les chiens de tous les fusils s'abattirent ensemble; mais il n'y eut aucune détonation.

Le condamné resta longtemps genou en terre, ne comprenant rien à ce qui se passait, lorsque le chef de peloton lui dit :

— Relevez-vous!.. Le brigadier autrichien est mort: il n'y a plus en vous que Gaspard Sulbiëker... En attendant que vous ayez les moyens de racheter dans la seconde partie de votre existence vos erreurs de la première, nous avons ordre de vous conduire à Saint-Honorat.

La commission militaire, tenant compte des sentiments manifestés par Gaspard Sulbiëker, avait décidé qu'il n'y aurait qu'un simulacre d'exécution.

Le jour même, il débarquait dans l'île Saint-Honorat, sous la garde de deux Antibois.

Un mois après, il était admis dans le couvent de cette île sous le nom de frère *Ripentito*.

Pendant toute la fin de sa carrière, Gaspard Sulbiëker donna le spectacle de tous les dévouements, de toutes les vertus, et laissa des traces bienfaisantes et indélébiles de sa rédemption physique et morale.

Sœur Miséricorde devint supérieure de l'établissement charitable qu'elle fonda à la suite de
la mort de son fiancé.

Jacques Latavelle — qui était devenu jardinier
en chef de cet établissement, baptisé, comme on
s'en rappelle, du nom d'Asile Saint-Mathieu —
vécut jusqu'en 1820 auprès de sa sœur, précé-
dant Rostan de quelques années dans la tombe.

Ainsi se termina cet épisode du blocus de 1815.

Le lendemain des délibérations de la commission militaire à La Pagane, une proclamation,
signée Chiavari, remerciait chaleureusement les
Antibois du civisme dont ils venaient de donner
un si éclatant témoignage, et c'est à cette proclamation, envoyée à Paris, qu'Antibes dut à
Louis XVIII d'être décorée du titre de BONNE
VILLE.

Quelques jours après cette *fausse alerte,* dont
nous avons retracé les souvenirs, les confédérés
levèrent leurs tentes partout et franchirent les
Alpes pour ne plus reparaître en Provence.

Le pied de l'étranger ne foulait plus le sol de
la France et les barbares avaient regagné leurs
steppes.

D'un côté, l'habileté, l'audace, la valeur du

général Chiavari ; de l'autre, l'énergie et la bravoure des gens du pays ; enfin, un concours heureux de circonstances étonnantes valurent aux
Antibois un brevet mérité de patriotisme et épar-
gna à leur ville la honte d'une occupation

FIN

TABLE DES MATIÈRES

Nice.— V.-Eugène GAUTHIER et Cᵉ, descente de la Caserne, 1.

www.ingramcontent.com/pod-product-compliance
Lightning Source LLC
Chambersburg PA
CBHW071817090426
42737CB00012B/2117